JN060147

令和6年版 相続税贈与税入門の入門

辻　　敢
齊藤幸司　共著

税務研究会出版局

は　し　が　き

　ここに、心をこめて、相続税・贈与税の本当の入門書をお送りいたします。

　昔は、相続税という税金は、ごく限られた、お金持ちの人だけにかかる、特殊な税金でした。

　一般の方々には、関係がなかったのです。

　ところが、ご存じの、最近の地価の高騰が、この事情を一変してしまいました。

　30坪か、40坪のマイホームを持った、ごく普通の方々にも、相続税は、容赦なく襲いかかってきます。

　相続税に関する知識を、すべての方々が、マスターしなければならなくなったのです。

　私たちが、この本を書いたのも、このことにお応えしたかったためです。

　この本は、題して、「相続税・贈与税　入門の入門」といたしました。

　「相続税・贈与税　入門」ではないことに、実は、ご注目いただきたいのです。

　相続税・贈与税の入門書は、すでに、ずいぶんたくさん出版されております。

　いずれも、すぐれた入門書です。

　そこで、私たちは、あえて、入門の入門書を書きました。

　私たちが心がけたポイントは、つぎのとおりです。

1　徹底して、やさしく書きました。

　法律的な厳密さを、ときには犠牲にしても、とにかく、やさしく書きました。

2　特殊なことがらや、例外的な事項はすべて無視して、実務上、これだけは必要、というポイントにしぼりました。

3　図や表を、できるだけ沢山、採用いたしました。

　これで、ずいぶん、わかりやすくなったと思います。

4　各節のおわりに、「まとめ」を設け、勉強のしあげをしていただくことにいたしました。

読者のみなさん。

とにかく、最後まで、読んでみてください。

最後まで読んでいただければ、相続税・贈与税の基本的なしくみと考え方を、きっと、ご理解いただけると、実は、ひそかに確信しているのです。

　昭和63年1月

公認会計士　辻　　　　敢

税　理　士　齊　藤　幸　司

目　　次

I　相　　続　　税

Ⅱ　贈　与　税

Ⅲ　財　産　評　価

Ⅳ 税 額 概 算 表

※本書の内容は、令和6年4月1日現在の法令等にもとづいています。

I 相続税

1　相続税とはどんな税金か

(1)　相続税はなぜかかるのか

われわれのまわりには、たくさんの税金があります。

これらの税金は、誰が税金をかけるかによって、

　　　国　税

　　　　　と

　　　地方税

に分かれます。

国がかける税金を、国税といいます。

県や市がかける税金を、地方税といいます。

相続税は、所得税、法人税とならんで、国税の柱となっています。

所得税や法人税は、一定期間にかせいだ所得に対してかかる税金です。

これに対して、相続税は、亡くなった人の財産をもらったときに、その財産の価額をベースにしてかかる税金です。

これが、相続税は財産税である、といわれるゆえんです。

個人には、毎年の所得に対して所得税がかかります。

この所得税を支払った残りのおカネで、貯金をしたり、不動産を買ったり、株式を買ったり、など、いろいろな財産をたくわえます。

相続税は、このたくわえた財産に対してかかってきます。

キチンと所得税を支払った残りのおカネでたくわえた財産に、また、相続税、というのでは、あまりに酷な税金かもしれません。

しかし、国は、

① 偶然に財産をもらった、という不労所得ではないか

② 特定の人に財産が集中するのを抑えよう

ということで、相続税をかけることにしています。

税金の種類（主なもの）

	国　　税	地　方　税
財　産　税	相　続　税	固 定 資 産 税
収　得　税	所　得　税 法　人　税	住　民　税 事　業　税

(2) どのくらいの財産があると相続税がかかるのか

どのくらいの財産があると、相続税がかかるのでしょうか。

ここで、ぜひとも覚えていただきたい公式があります。

それは、

　　　　3,000万円＋(600万円×相続人の数)

です。

亡くなった人の財産が、この公式の金額以下ですと、相続税はかかりません。

もちろん、相続税の申告もする必要はありません。

もし、この公式の金額を超えたときは、当然、相続税がかかってきます。

そのときは、亡くなった人がもっていた財産の合計額から、この公式の金額をマイナスします。

　このマイナスしたあとの残りの金額に対して、相続税を計算することになります。

　すなわち、この公式の金額のことを、

　　　　　基礎控除額

といいます。

　公式のなかの、相続人の数というのは、民法で定められた、

　　　　　法定相続人の数

をいいます。

　法定相続人については、あとでくわしくお話しいたします。

　この「法定相続人の数」について、注意していただきたいことが、2つあります。

　まず、その1つは、

　　　　　法定相続人が、亡くなった人の財産をもらったかどうかに関係な

　　　　　く、法定相続人の数をカウントする、

ということです。

　たとえば、

　　　　　法 定 相 続 人　　　　A　B　C

　　　　　財産をもらった人　　　　A

とすれば、基礎控除額は、

　　　　　3,000万円＋(600万円×3人)

4,800万円となります。

　それから、もう1つは、

　　　　　法定相続人のなかに養子がいる場合、その養子の数について、

　　　　　　　　実子がいるときは、1人まで

　　　　　　　　実子がいないときは、2人まで

　　　　　しか、法定相続人の数にカウントしない、
ということです。

　これは、養子をふやすことによって、相続税を安くしようという、節税策へのハドメとしてできたものです。

　たとえば、

　　　　　法定相続人　　　　妻A　実子B　実子C　養子D　養子E
という場合、基礎控除額は

　　　　　3,000万円＋（600万円×5人）
6,000万円とはならないのです。

　法定相続人の数は、たしかに5人ですが、法定相続人のなかに、養子が2人います。

　このようなときには、養子2人のうち、1人だけを法定相続人の数にカウントします。

　したがって、修正した法定相続人の数は、

　　　　　妻A　実子B　実子C　養子1人
の4人となり、基礎控除額は、

　　　　　3,000万円＋（600万円×4人）
5,400万円となります。

　また、

　　　　　法定相続人　　　　妻A　養子B　養子C　養子D
という場合、実子がいませんので、養子の数は、2人まで法定相続人の数にカウントします。

　したがって、修正した法定相続人の数は、

　　　　妻A　養子2人

の、3人となり、基礎控除額は、

　　　　3,000万円＋（600万円×3人）

4,800万円となります。

　このように、養子がたくさんいる場合には、法定相続人の数を修正することになります。

　よって、基礎控除額の公式は、正確には、

　　　　3,000万円＋（600万円×修正法定相続人の数）

ということになります。

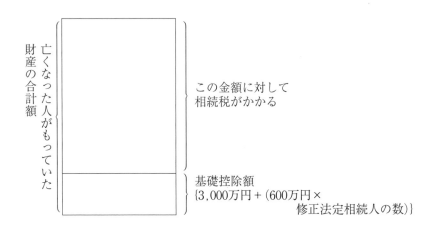

基礎控除額表

(単位：万円)

修正法定相続人の数	基 礎 控 除 額
1人	3,600
2人	4,200
3人	4,800
4人	5,400
5人	6,000
6人	6,600
7人	7,200
8人	7,800
9人	8,400
10人	9,000

⑶　**相続税はどんなときにかかるのか**

　相続税は、

　　　　人の死亡によって

　　　　亡くなった人の財産をもらったときに

　　　　もらった人に

かかってくる税金です。

　すなわち、**人の死亡**、によって相続税がかかってきます。

　人の死亡によって、相続税がかかるケースとして、

　①　亡くなった人が、自分の財産を誰にあげるか、決めていないケース

　②　亡くなった人が、自分の財産を誰にあげるか、生前に、遺言書で決

めていたケース

③　亡くなった人が、自分の財産を誰にあげるか、生前に、契約書で決
めていたケース

の、3つがあります。

①　**亡くなった人が、自分の財産を誰にあげるか、決めていないケース**

一般的には、このようなケースが、一番多いと思われます。

この場合、亡くなった人がもっていたすべての財産は、亡くなった
人の妻や子供など、一定の身分関係のある人にうけつがれます。

これが、一般的に、

相　続

といわれているものです。

そして、亡くなった人のことを、

被相続人

といいます。

財産をうけつぐ一定の身分関係のある人を、

相続人

といいます。

すなわち、相続というのは、

相続人が、被相続人の財産をうけつぐこと

です。

また、この場合の「財産」とは、現預金・土地などのプラスの財産
だけではありません。

借入金などのマイナスの財産も入ってきます。

ということは、被相続人に借入金があれば、これも相続人にひきつ
がれることになります。

大変なことです。

② 亡くなった人が、自分の財産を誰にあげるか、生前に、遺言書で決めていたケース

　　亡くなった人が、生前に、遺言書のなかで、自分が死んだら、

　　　　　この土地はAさんにあげる

　　　　　　　とか

　　　　　この土地の半分はAさんにあげる

というように、誰に自分の財産をあげるかを決めていることがあります。

　　この場合には、遺言書のとおりに、亡くなった人の財産が、指定された人、Aさん、にうけつがれます。

　　これが、

　　　　　遺　贈

といわれるものです。

　　そして、遺言によって財産をあげた人を、

　　　　　遺贈者

といい、遺言によって財産をもらった人のことを、

　　　　　受遺者

といいます。

　　さきほどの相続人は、被相続人と一定の身分関係のある人しかなれませんでした。

　　しかし、この受遺者は、誰でもなることができます。

　　ということは、遺贈者は、遺言書のなかで、自分の財産を、

　　　　　特定の相続人にあげる

ということもできます。

　　さらに、

　　　　　相続人以外の人にあげる

　ということもできます。

③　亡くなった人が、自分の財産を誰にあげるか、生前に、契約書で決
　めていたケース

　　　亡くなった人が、生前に、契約書をとりかわして、

　　　　　自分が死んだら、この土地はＢさんにあげる

　というように、誰にその財産をあげるかを決めていることがあります。

　　　この場合には、契約書のとおりに、亡くなった人の財産が、契約し
　た人、Ｂさん、にうけつがれます。

　　　これが、

　　　　　死因贈与

　といわれるものです。

　　　さきほどの遺贈は、財産をもらう人、すなわち、受遺者に、財産を
　あげるということを知らせる必要はありません。

　　　これに対して、死因贈与は、生前に、キチンと契約書を作って、

　　　「この財産は、Ｂさんにあげます」

　　　Ｂさんは、「ハイ、その財産をもらいます」

　というように、お互いに確認しています。

　　　この点が、遺贈と死因贈与の違いです。

　以上のように、相続税がかかるケースは、

　　　　　相　　　続

　　　　　遺　　　贈

　　　　　死因贈与

の3つです。

相続税がかかるケース

相　　続	生前に、自分の財産を、誰にあげるか決めていない。この場合、法定相続人に財産がうけつがれる。
遺　　贈	生前に、遺言書で、自分の財産を、誰にあげるか決めている。
死因贈与	生前に、契約書で、自分の財産を、誰にあげるか決めている。

(4)　相続税は誰にかかるのか

相続税は、

　　　人の死亡によって

　　　亡くなった人の財産をもらったときに

　　　財産をもらった「個人」

にかかる税金です。

　すなわち、相続税がかかるのは、

　　　相続、遺贈、死因贈与

によって、財産をもらった人、です。

　相続というのは、亡くなった人から相続人へと、個人と個人との間でしか起こりません。

　これが、一般的です。

　しかし、遺贈や死因贈与の場合には、財産をもらう相手方が、個人ばかりではありません。

　株式会社などの法人が、遺贈や死因贈与によって、財産をもらうケースもでてきます。

　この場合、財産をもらった法人には、相続税がかかりません。

　財産をもらったのは、法人、だからです。

　財産をもらった法人には、相続税の代わりに、法人税がかかります。

　なお、同じ法人であっても、公益財団法人・宗教法人などの公益法人が、遺贈や死因贈与によって、財産をもらうケースもあります。

　この場合、公益法人は法人ですから、相続税がかかりません。

　さらに、公益法人は、原則として、財産をもらっても、法人税がかかりません。

　すなわち、公益法人は、亡くなった人から財産をもらっても、税金がかかりません。

　となると、自分の親族が役員となっている公益財団法人に、自分の財産を遺贈しておこう、ということが考えられます。

　そうすれば、自分の財産を、相続税を払わないで、自分の親族に代わる公益財団法人へ移すことができます。

　このようなことを認めると、相続税の負担の公平を欠くことになります。

　そこで、相続税を不当に安くしようという事実があれば、たとえ、公益法人であっても、個人とみなして、もらった財産について相続税がかかることになっています。

相続税がかかるのは誰か？

財産をもらった者	相　続　税　が	
	かかる	かからない
個　　　　人	○	
法　　　　人		○
公　益　法　人	ただし、相続税を不当に安くした場合には、○	原則 ○

ま と め

1　相続税は、国税であり、財産税である。

2　財産が基礎控除額以下だと、相続税はかからない。

3　基礎控除額は、3,000万円＋（600万円×修正法定相続人の数）である。

4　法定相続人のなかに養子がいる場合、その養子については、

　　　　実子がいるときは、1人まで

　　　　実子がいないときは、2人まで

しか、法定相続人の数にカウントしない。

5　相続税がかかるケースとして、相続・遺贈・死因贈与がある。

6　相続税は、相続・遺贈・死因贈与によって、財産をもらった個人にかかる税金である。

2 相続はどのようにするのか

(1) 誰が相続人になれるのか

　人が亡くなった場合、生前に、自分の財産を誰にあげるか、はっきり決めていないケースが、よくあります。

　こんなときに、誰が、被相続人の財産を相続することができるか、民法で定められています。

　民法で、誰が相続人となることができるか、キチンと定めたのは、被相続人とまったく関係のない人が、財産をヨコ取りしたりしないように、また、相続人の間のトラブルを、できるだけ少なくするように、一定の順番を定めて、スムーズに財産分けをするためです。

　民法で定められた相続人のことを、

　　　　法定相続人

といいます。

　法定相続人になれる人は、被相続人の、

　　　　配偶者

　　　　子

　　　　父母や祖父母

　　　　兄弟姉妹

です。

　すなわち、婚姻関係にある

　　　　配偶者

と、血のつながった

　　　　子

　　　　父母や祖父母

　　　　兄弟姉妹

が、法定相続人となります。

　もし、相続となった場合に、**配偶者**は、かならず、**相続人**となります。

　婚姻期間に関係なく、相続人となります。

　しかし、血のつながった相続人の間では、相続人になれる順番が決まっています。

　ということは、子・父母や祖父母・兄弟姉妹は、全員が、同時に、相続人にはなれません。

　順番が決まっています。

　まず、**第1順位**は、

　　　　子

です。

　被相続人に子がいる場合は、子が第1順位で相続人となります。

　たとえ、父や母、兄弟姉妹がいたとしても、子が第1順位で相続人となります。

たとえば、

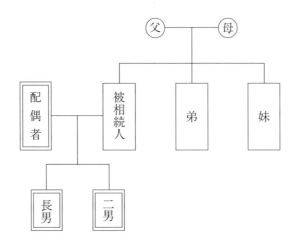

の場合、

　　　　配偶者と長男と二男

が、相続人となります。

　なお、ここでいう子とは、血のつながりのある子だけではありません。

　血のつながりはなくても、被相続人に養子がいれば、実子と同じように、第1順位の相続人となります。

　養子は、血がつながっている、とみなされます。

　もちろん、この場合、養子縁組の届出が、キチンと出されていなくてはなりません。

　養子にいった子は、

　　　　養子にいった先の親

　　　　　　　　と

　　　　ほんとうの親

の、両方の相続人となります。

　また、正式な婚姻関係にない人との間に生まれた子も、第1順位の相続人となります。

　この場合、被相続人が、その子を「認知」していなければなりません。

　つぎに、被相続人に子がいない場合には、**第2順位**として、

　　　　父母か祖父母

が、相続人となります。

　この場合、祖父母が、相続人になれるのは、父と母の両方が、すでに、亡くなってしまっているとき、です。

　すなわち、父か母か、いずれかがいれば、祖父母は、相続人にはなれません。

　たとえば、

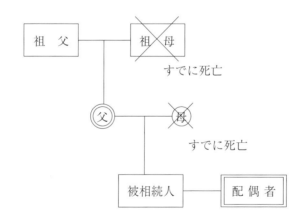

の場合、

　　　　配偶者と父

が、相続人となります。

　祖父は、相続人にはなれません。

たとえば、

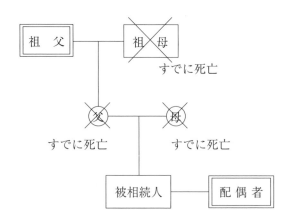

の場合、父も母もいませんから、

　　　　配偶者と祖父

が、相続人となります。

　そして、最後は、被相続人に子がいない、また、父母や祖父母もいない場合には、**第3順位**として、

　　　　兄弟姉妹

が、相続人となります。

　たとえば、

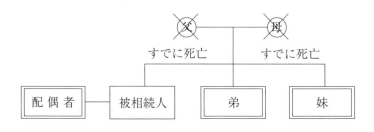

の場合、

　　　　配偶者と弟と妹

が、相続人となります。

　もし、第1順位の子、第2順位の父母や祖父母、第3順位の兄弟姉妹が、すべていない場合には、配偶者だけが相続人となります。

　すべての財産は、配偶者が相続することになります。

　なお、当然のことながら、配偶者というのは、

　　　　夫からみれば、妻

　　　　妻からみれば、夫

をいいます。

　もちろん、婚姻届をキチンと出していなければなりません。

相続人の順番

	血 の つ な が っ て い る 人	婚姻関係にある人
第1順位	子　（養子も含む）	配
第2順位	父　　　　　母 　　　か 祖　父　母	偶
第3順位	兄　弟　姉　妹	者

(2)　代襲相続とはどんなことか

たとえば、

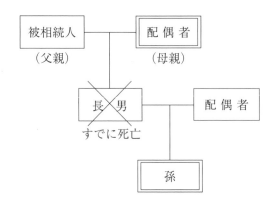

の場合、子（長男）が亡くなっています。

　第1順位の子が、1人もいないことになります。

　そうすると、第2順位、第3順位へと判定していくことになります。

　しかし、相続の自然なパターンとしては、親の財産は子へ、子の財産は孫へ、ということです。

　いまのようなケースの場合、親から子へ、子から孫へ、という自然な財産の流れをストップしてしまいます。

　そこで、相続人になるはずであった子（長男）が、父親（被相続人）よりも先に亡くなっている場合には、長男に代わって、長男の子（孫）が、父親（被相続人）の第1順位としての相続人となります。

　これを、**代襲相続**、といいます。

さらに、もし、孫も父親（被相続人）より先に亡くなっている場合には、

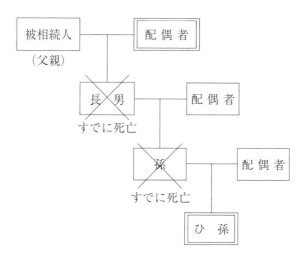

　孫に代わって、孫の子（ひ孫）が、父親（被相続人）の第1順位としての相続人となります。

　子からその子へ、その子からその子へ、とずーっと、代襲していきます。

　また、子が亡くなっている場合だけではなく、相続人になるはずであった兄弟姉妹が、被相続人よりも先に亡くなっている場合には、兄弟姉妹の子も、代襲相続人となります。

　たとえば、

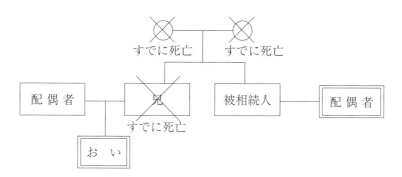

第3順位の兄が、被相続人よりも先に亡くなっています。

この場合、兄の子（おい）が、被相続人の相続人となります。

代襲相続です。

もし、「おい」が、被相続人よりも先に亡くなっている場合には、「おいの子」は、被相続人の相続人とはなりません。

子からその子への代襲相続は、無制限に代襲されます。

しかし、兄弟姉妹の子は、1回限りの代襲となります。

相続人の順番（代襲相続のある場合）

	血 の つ な が っ て い る 人	婚姻関係にある人
第1順位	（代襲）　（代襲）　　（代襲） 子 → 孫 → ひ孫 → ……… 　　　　　　　　　　　無限に	配
第2順位	父　　　　　母 　　　　か 祖　父　母	偶
第3順位	（代襲）　　　　　（代襲しない） 兄弟姉妹 → おい・めい → 　×	者

(3)　指定相続分とはどんなものか

相続人が1人の場合には、被相続人の財産は、すべて、1人の相続人にうけつがれます。

ところが、相続人が何人もいる場合に、被相続人の財産は、どのように分けたらよいのでしょうか。

それぞれの相続人の分け前は、どのようにしたらよいのでしょうか。

この分け前のことを、

　　　相続分

といいます。

　この相続分には、一般的なものとして、

　　　　指定相続分

　　　　　　と

　　　　法定相続分

があります。

　相続人が2人以上いる場合に、被相続人は、あらかじめ遺言書で、それぞれの相続人の相続分を決めておくことができます。

　被相続人の決めた相続分、これが、

　　　　指定相続分

です。

　被相続人の意思を反映するものとして、優先的に従わなければならない相続分です。

　指定相続分の決め方には、2つあります。

　たとえば、相続人が、A・B・Cと3人いると仮定します。

　まず、

　　　　「Aの相続分は$\frac{1}{4}$とする」

と、一部の相続分を決めておくことができます。

　それから、

　　　　「Aの相続分は$\frac{1}{4}$とする」

　　　　「Bの相続分は$\frac{2}{4}$とする」

　　　　「Cの相続分は$\frac{1}{4}$とする」

と、全部の相続分を決めておくこともできます。

　どちらでも構いません。

　被相続人が、指定相続分を決める場合に、注意しなければならないことがあります。

　それは、**遺留分**、です。

　遺留分というのは、相続人が、必ず相続することのできる、**最低限の相続分**、です。

　たとえば、被相続人が、「全財産はＡにあげる」と遺言した場合、他の相続人Ｂ・Ｃは、相続財産を相続することができません。

　いくら、自分の財産を、どのように遺言しても自由である、とはいっても、相続人の利益も守らなければなりません。

　相続人の生活も保障しなければなりません。

　そこで、遺留分といわれるものができたわけです。

　遺留分が認められているのは、

　　　　　配偶者、子、父母や祖父母

です。

　兄弟姉妹に、遺留分はありません。

　遺留分が問題となるのは、遺留分に満たない財産を相続した相続人に、不満があるときだけです。

　もし、不満があれば、その相続人は、たくさんもらっている相続人に、遺留分に満たない部分を請求できます。

　そうすれば、遺留分までの財産は、相続することができます。

　逆に、遺留分に満たない相続財産であっても、自分がナットクすれば、遺留分に満たない部分の請求はしないことになります。

　それで、OK です。

　ということは、遺留分というのは、遺留分に満たない財産を相続した相続人が、「請求」してはじめて問題となるものです。

　とはいえ、被相続人が、遺言書で、相続分を指定するときには、遺留分を頭に入れておかないといけません。

　民法で決まっている遺留分は、つぎのとおりです。

① 　相続人が配偶者だけの場合

　　　　（被相続人の財産）$\times \dfrac{1}{2}$

② 　相続人が子だけの場合

　　　　（被相続人の財産）$\times \dfrac{1}{2}$

　　　　子が2人のとき

$$\left\{ \begin{array}{ll} 子 & \dfrac{1}{2}\times\dfrac{1}{2}=\dfrac{1}{4} \\[2ex] 子 & \dfrac{1}{2}\times\dfrac{1}{2}=\dfrac{1}{4} \end{array} \right.$$

　　　（注）$\dfrac{1}{2}$を子の間で均等にする。

　　　　子が3人のとき

$$\left\{ \begin{array}{ll} 子 & \dfrac{1}{2}\times\dfrac{1}{3}=\dfrac{1}{6} \\[2ex] 子 & \dfrac{1}{2}\times\dfrac{1}{3}=\dfrac{1}{6} \\[2ex] 子 & \dfrac{1}{2}\times\dfrac{1}{3}=\dfrac{1}{6} \end{array} \right.$$

　　　　子が4人のとき

　　　　子1人につき　$\dfrac{1}{2}\times\dfrac{1}{4}=\dfrac{1}{8}$

　　　　子が5人のとき

　　　　子1人につき　$\dfrac{1}{2}\times\dfrac{1}{5}=\dfrac{1}{10}$

③ 　相続人が配偶者と子の場合

　　　　配偶者　　（被相続人の財産）$\times \dfrac{1}{4}$

　　　　子　　　　（被相続人の財産）$\times \dfrac{1}{4}$

子が2人のとき

子1人につき　$\dfrac{1}{4} \times \dfrac{1}{2} = \dfrac{1}{8}$

子が3人のとき

子1人につき　$\dfrac{1}{4} \times \dfrac{1}{3} = \dfrac{1}{12}$

子が4人のとき

子1人につき　$\dfrac{1}{4} \times \dfrac{1}{4} = \dfrac{1}{16}$

④　相続人が父母だけの場合

父（または母）だけのとき

（被相続人の財産）$\times \dfrac{1}{3}$

父と母のとき

父　　$\dfrac{1}{3} \times \dfrac{1}{2} = \dfrac{1}{6}$

母　　$\dfrac{1}{3} \times \dfrac{1}{2} = \dfrac{1}{6}$

⑤　相続人が配偶者と父母の場合

配偶者　　（被相続人の財産）$\times \dfrac{1}{3}$

父（または母）だけのとき

（被相続人の財産）$\times \dfrac{1}{6}$

父と母のとき

父　　$\dfrac{1}{6} \times \dfrac{1}{2} = \dfrac{1}{12}$

母　　$\dfrac{1}{6} \times \dfrac{1}{2} = \dfrac{1}{12}$

⑥　相続人が配偶者と兄弟姉妹の場合

配偶者　　（被相続人の財産）$\times \dfrac{1}{2}$

兄弟姉妹　　なし

(4)　法定相続分とはどんなものか

　相続となった場合、遺言書があれば、その遺言の内容にしたがって、それぞれの相続人に、被相続人の財産が分けられることになります。

　すなわち、指定相続分にしたがって財産が分けられます（図①）。

　もし、遺言書がなくて、相続人が何人もいる場合に、被相続人の財産は、どのように分けたらよいのでしょうか（図②）。

　また、遺言書があっても、遺言されている財産は、一部である場合、遺言されていない財産は、どのように分けたらよいのでしょうか（図③）。

　これは、当然のことながら、相続人の間で話し合って、おたがいの分け前を決めることになります。

　この場合、全員が、ナットクしないといけません。

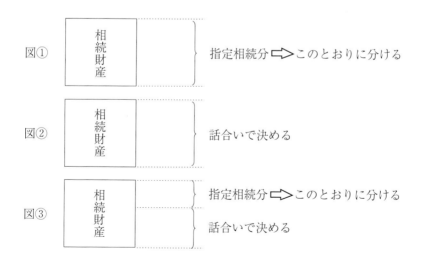

　相続人の間で話合いをする場合、一つの目安になるのが、民法で定められている相続分です。

　この相続分を

　　　　法定相続分

といいます。

　これは、被相続人の意思をできるだけ反映できるように、と民法が推定して定めた相続分です。

　かならずしも、この法定相続分どおりに、相続財産を分けなければならない、というわけではありません。

　相続人の間で話し合って、全員のナットクのうえで分ければ、法定相続分にしたがわなくてもよいわけです。

　したがって、法定相続分は、あくまでも、参考、目安、ということになります。

　しかし、この法定相続分は、あとでお話しする、相続税額の計算のときには、とても重要なウェイトを占めていますので、キチンと覚えておいて下さい。

　法定相続分は、誰が相続人となるかによって、つぎのように定められています。

　① **配偶者と子が相続人の場合**

配偶者	$\dfrac{1}{2}$
子	$\dfrac{1}{2}$

㋑　子が2人いるとき

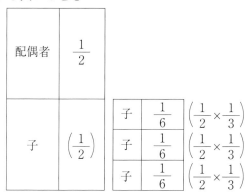

配偶者	$\dfrac{1}{2}$
子	$\left(\dfrac{1}{2}\right)$

子	$\dfrac{1}{4}$	$\left(\dfrac{1}{2}\times\dfrac{1}{2}\right)$
子	$\dfrac{1}{4}$	$\left(\dfrac{1}{2}\times\dfrac{1}{2}\right)$

（注）　子の相続分は、$\dfrac{1}{2}$を均等に分ける。

㋺　子が3人いるとき

配偶者	$\dfrac{1}{2}$
子	$\left(\dfrac{1}{2}\right)$

子	$\dfrac{1}{6}$	$\left(\dfrac{1}{2}\times\dfrac{1}{3}\right)$
子	$\dfrac{1}{6}$	$\left(\dfrac{1}{2}\times\dfrac{1}{3}\right)$
子	$\dfrac{1}{6}$	$\left(\dfrac{1}{2}\times\dfrac{1}{3}\right)$

㋩　子は3人いるが、1人は認知された子のとき

配偶者	$\dfrac{1}{2}$
子	$\left(\dfrac{1}{2}\right)$

子	$\dfrac{1}{6}$	$\left(\dfrac{1}{2}\times\dfrac{1}{3}\right)$
子	$\dfrac{1}{6}$	$\left(\dfrac{1}{2}\times\dfrac{1}{3}\right)$
認知された子	$\dfrac{1}{6}$	$\left(\dfrac{1}{2}\times\dfrac{1}{3}\right)$

㊁　子は２人だったが、そのうちの１人はすでに亡くなっていて、その孫が２人いるとき

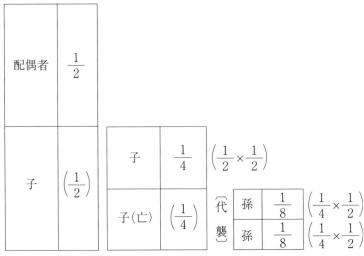

（注）　代襲相続の相続分は、子の相続分を孫が均等に分ける。

②　配偶者と父母が相続人の場合

配偶者	$\dfrac{2}{3}$
父　母	$\dfrac{1}{3}$

㋑　父と母がいるとき

配偶者	$\dfrac{2}{3}$
父　　母	$\left(\dfrac{1}{3}\right)$

父	$\dfrac{1}{6}$	$\left(\dfrac{1}{3}\times\dfrac{1}{2}\right)$
母	$\dfrac{1}{6}$	$\left(\dfrac{1}{3}\times\dfrac{1}{2}\right)$

（注）　父と母の相続分は、$\dfrac{1}{3}$ を均等に分ける。

③　配偶者と兄弟姉妹が相続人の場合

配偶者	$\dfrac{3}{4}$
兄弟姉妹	$\dfrac{1}{4}$

㋑　兄弟が2人いるとき

配偶者	$\dfrac{3}{4}$
兄弟姉妹	$\left(\dfrac{1}{4}\right)$

兄	$\dfrac{1}{8}$	$\left(\dfrac{1}{4}\times\dfrac{1}{2}\right)$
弟	$\dfrac{1}{8}$	$\left(\dfrac{1}{4}\times\dfrac{1}{2}\right)$

（注）　兄弟姉妹の相続分は、$\dfrac{1}{4}$ を均等に分ける。

㋺ 兄が1人で、弟はすでに亡くなっていて、そのおいが2人いるとき

配偶者	$\dfrac{3}{4}$								
兄弟姉妹	$\left(\dfrac{1}{4}\right)$	兄	$\dfrac{1}{8}$	$\left(\dfrac{1}{4}\times\dfrac{1}{2}\right)$					
		弟（亡）	$\left(\dfrac{1}{8}\right)$	〔代襲〕	おい	$\dfrac{1}{16}$	$\left(\dfrac{1}{8}\times\dfrac{1}{2}\right)$		
					おい	$\dfrac{1}{16}$	$\left(\dfrac{1}{8}\times\dfrac{1}{2}\right)$		

（注） 代襲相続の相続分は、弟の相続分をおいが均等に分ける。

　法定相続分は、現金・土地などのプラスの財産をうけつぐ割合だけではなく、借入金などのマイナスの財産をひきつぐ割合にもなります。

(5) 特別にもらった人の相続分はどうなるのか

　相続人のなかに、被相続人から

　　　　遺贈をうけたり

　　　　生前贈与をうけたり

した人がある場合、その遺贈や生前贈与をうけた人の相続分は、一定の修正をすることになります。

　被相続人から特別にもらった相続人がいる場合、相続人の間のバランスをとるためには、当然のことといえます。

　そこで、一定の修正の対象となるのは、プラスの財産だけです。

　マイナスの財産は、修正の対象となりません。

　たとえば、

　　　　相続人　　　　妻　　長男

　　　　プラスの財産の総額　6,000（便宜上、数字は小さくしています。）

の場合、一定の修正をした、実際の相続分は、つぎのとおりです。

① 遺贈をうけた相続人がいる

　　たとえば、遺言で、総財産の$\frac{1}{3}$は妻にあげる、となっている場合、遺贈された相続分をマイナスした残りについて、法定相続分を計算するわけではありません。

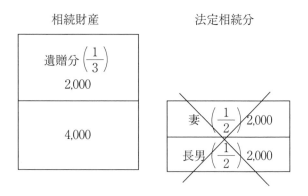

遺贈された相続分をマイナスする前の総財産で、法定相続分を計算します。

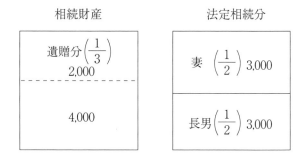

そして、計算された法定相続分から、遺贈分をマイナスした残りが、特別にもらった相続人（妻）の実際の相続分となります。

この結果、実際の相続分は、

妻　　1,000

長男　3,000

となります。

この場合、妻が少ないようにみえますが、遺贈分2,000があります

ので、トータルで、長男と変わらないことになります。

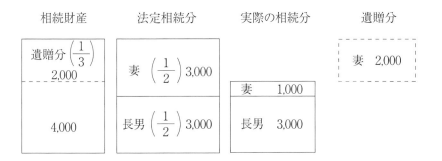

| 相続財産 | 法定相続分 | 実際の相続分 | 遺贈分 |

② **生前贈与をうけた相続人がいる**

たとえば、生前に、長男が、被相続人から財産（2,000）の贈与をうけている場合、相続財産だけで法定相続分を計算するわけではありません。

相続財産に、生前贈与された財産をプラスして、法定相続分を計算します。

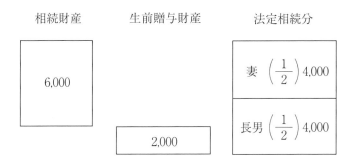

| 相続財産 | 生前贈与財産 | 法定相続分 |

そして、計算された法定相続分から、生前贈与分をマイナスした残りが、生前贈与をうけた相続人（長男）の実際の相続分となります。

この結果、実際の相続分は、

  妻 4,000

  長男 2,000

となります。

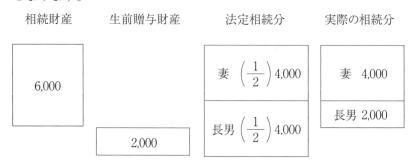

| 相続財産 | 生前贈与財産 | 法定相続分 | 実際の相続分 |

⑹ 寄与分とはどんなものか

相続人のなかに、被相続人の事業を手伝ったりなどして、被相続人の財産を増やすことに貢献した人がいる場合があります。

この場合、被相続人の財産作りに貢献したことを無視して、法定相続分で、単純に、それぞれの相続人の相続分を計算すると、貢献した相続人とほかの相続人とのバランスを欠くことになります。

そこで、相続人の間のバランスをとるために、被相続人の財産作りに貢献した部分、すなわち、

  寄与分

が、貢献した相続人に認められます。

寄与分がある場合の相続分は、まず、相続財産から寄与分をマイナスした残りについて、法定相続分を計算します。

　そして、計算された法定相続分に寄与分をプラスしたものが、貢献した相続人の実際の相続分となります。

　たとえば、

　　　　　相続人　　　妻、長男、長女

　　　　　相続財産　　9,000（便宜上、数字は小さくしています。）

　　　　　寄与分　　　長男　1,000

の場合、実際の相続分は、

　　　　　妻　　4,000

　　　　　長男　3,000

　　　　　長女　2,000

となります。

相続財産	寄与分	法定相続分	実際の相続分
9,000	1,000	妻 $\left(\dfrac{1}{2}\right)$ 4,000 長女 $\left(\dfrac{1}{4}\right)$ 2,000 長男 $\left(\dfrac{1}{4}\right)$ 2,000	妻 4,000 長女 2,000 長男 3,000

4つの相続分

指 定 相 続 分	遺言書で指定された相続分で、すべての相続分に優先する。
法 定 相 続 分	遺言がない場合、民法で定めた財産分けの目安となる相続分である。
特別にもらった人の相 　続 　分	生前贈与や遺贈でもらった相続人の相続分で、もらった財産で修正する。
寄 　与 　分	被相続人の財産作りに貢献した相続人に認められるものである。

まとめ

1　民法で定めた、相続人となることができる人を、法定相続人、という。

2　法定相続人になれる人は、被相続人の、配偶者・子・父母か祖父母・兄弟姉妹である。

3　相続人となるには順番がある。

4　第1順位は、子である。

5　第2順位は、父母か祖父母である。

6　第3順位は、兄弟姉妹である。

7　配偶者は、つねに相続人となる。

8　子や兄弟姉妹には、代襲相続が認められる。

9　遺言書で指定された相続分を、指定相続分、という。

10　相続人が、必ず相続することのできる、最低限の相続分を、遺留分、という。

11　民法で定めた、財産分けの目安となる相続分を、法定相続分、という。

12　配偶者と子2人の場合の法定相続分は、配偶者$\frac{1}{2}$、子それぞれ$\frac{1}{4}$ずつである。

13　生前贈与や遺贈でもらった人の相続分は、一定の修正がある。

14　被相続人の財産作りに貢献した人に認められるものを、寄与分、という。

3　どんな財産に相続税がかかるのか

(1)　本来の相続財産とはどんなものか

　相続税は、相続や遺贈によってもらった「財産」にかかる税金です。

　そこで、相続税のかかる「財産」とは、どんなものをいうのでしょうか。

　ズバリ、被相続人が、亡くなった日にもっていた、金銭で見積もること
のできるすべての財産、これが、相続税のかかる財産、といえましょう。

　すなわち、相続税のかかる財産のポイントは、

　　　　　亡くなった日に、**被相続人がもっていたすべての財産**

　　　　　金銭で見積もることのできる財産

この2つです。

　相続税がかかる財産の代表的なものとして、

　　　　　土地・借地権・建物・現預金・株式

があります。

　これらの財産は、当然に相続税がかかるものとして、

　　　　　本来の相続財産

といわれています。

　本来の相続財産をまとめると、つぎのとおりです。

　おなじみの財産ばかりです。

本来の相続財産の例

種　　　類	細　　　　　　　　　目
土　　　　　地	宅地 田畑 山林 その他の土地
土 地 の 上 の 権 利	借地権 耕作権　など
建　　　　　物	家屋、庭園設備 構築物
現　　預　　金	現金、小切手 普通預金、定期預金、当座預金　など
有　価　証　券	株式、出資 公債、社債 貸付信託、証券投資信託　など
家　庭　用　財　産	家具、什器、自動車 貴金属、宝石 ゴルフ会員権、書画骨とう　など
事　業　用　財　産	商品、製品、売掛金、機械器具 自動車　など
そ　　の　　他	貸付金、未収入金、電話加入権 著作権　など

(2)　みなし相続財産とはどんなものか

　被相続人が、亡くなった日にもっていた財産は、本来の相続財産として、相続税がかかります。

　しかし、被相続人が、亡くなった日にもっていなかった財産であっても、被相続人の死亡によって、相続人が、被相続人でない者から財産をもらうケースがあります。

　この場合、実質的には、相続によって財産をもらったのと同じ効果になります。

　これを放っておくと、課税の公平を図ることができなくなります。

　そこで、被相続人でない者からもらった財産を、相続や遺贈によってもらったものとみなして、相続税をかけることにしています。

　これを、本来の相続財産に対して、

**　　　みなし相続財産**

といいます。

　みなし相続財産の代表的なものとして、

**　　　生命保険金**

**　　　死亡退職金**

の、2つがあります。

　なお、その財産をもらった人が、死亡した人の相続人であるときは、相続によってもらったものとみなされます。

　また、その財産をもらった人が、死亡した人の相続人でないときは、遺贈によってもらったものとみなされます。

① 生命保険金に相続税がかかるのか

　　たとえば、

　　　　被 保 険 者　　　　夫

　　　　保険金受取人　　　　妻

の、生命保険契約を保険会社と結んで、夫が、保険料を毎月支払って
いたとします。

　このような状況で、もし、夫が亡くなった場合には、妻は、保険会
社から生命保険金をもらいます。

　妻のもらった生命保険金は、夫が亡くなった日においては、夫の財
産ではありません。

　直接、保険会社から支払われるものです。

　夫の財産を相続したわけではありません。

　しかし、妻が、生命保険金をもらうことができるのは、夫が、保険
料を払い込んでいたからです。

　また、夫の死亡によって、妻が、生命保険金をもらっています。

　この点から考えても、たとえ、保険会社から、直接支払われるもの
であっても、その生命保険金は、相続によって、夫からもらった財産
となんら変わりません。

　そこで、税法は、このような生命保険金には、相続税をかけること
にしています。

　すなわち、亡くなった人が、保険料を支払っていた生命保険金は、
亡くなった人の、**みなし相続財産**、となります。

　この場合、生命保険金をもらった人が、相続人であるときは、**相続**
によって、生命保険金をもらったものとみなされます。

　もし、生命保険金をもらった人が、相続人でないときは、**遺贈**によって、生命保険金をもらったものとみなされます。

　生命保険金が、みなし相続財産となるポイントは、

亡くなった人が、保険料を支払っている

ことです。

　前の例では、亡くなった夫が、保険料を支払っていたので、みなし相続財産となります。

　たとえば、保険料を支払っていた人が、妻であった場合には、みなし相続財産とはなりません。

被 保 険 者　　　夫

生命保険金受取人　　妻

保 険 料 支 払 人　　妻

　たとえ、夫の死亡によって、もらった生命保険金であっても、みなし相続財産とはなりません。

　妻が自分で保険料を支払って、自分で生命保険金をもらったわけですから、一時所得として所得税がかかります。

　また、保険料を支払っていた人が、子であった場合も、みなし相続財産とはなりません。

被 保 険 者　　　夫

生命保険金受取人　　妻

保 険 料 支 払 人　　子

　亡くなった夫が、保険料を支払っていないので、当然のことです。

　妻がもらった生命保険金は、子が保険料を支払っていたからこそです。

　この場合、妻は、子から財産をもらった、すなわち、みなし贈与となります。

したがって、妻のもらった生命保険金には、贈与税がかかります。

生命保険金の課税関係

被 保 険 者	保険料支払人	生命保険金受取人	税 金 の 種 類
夫	夫	妻	相 続 税
夫	妻	妻	所 得 税
夫	子	妻	贈 与 税

② 死亡退職金に相続税がかかるのか

　ある人が、何年か勤めて会社を辞めた場合、会社から退職金をもらうのが、一般的です。

　もらった退職金には、もちろん、所得税がかかります。

　ところが、退職金をもらわないうちに、不幸にして亡くなった場合には、遺族が本人に代わって、退職金を会社からもらうことになります。

　これが、死亡退職金といわれるものです。

　この死亡退職金は、亡くなった日において、まだ支払われていません。

　遺族が、相続のあった後に、会社から直接もらうものです。

　したがって、被相続人の財産ではありません。

　しかし、遺族が死亡退職金をもらえるのは、もとはといえば、被相続人が、キチンと会社の仕事をしていたたまものです。

　しかも、亡くならなければ、本人が直接もらえたはずです。

　また、被相続人の死亡によって、遺族が退職金をもらっています。

　このような点から、死亡退職金は、相続によって、被相続人からもらった財産となんら変わりません。

　そこで、税法は、死亡退職金については、**みなし相続財産**として、相続税をかけることにしています。

　ただし、相続税がかかる死亡退職金は、**被相続人が亡くなってから3年以内**に支払うことが決まったものだけです。

　3年を過ぎて支払うことが決まった死亡退職金については、相続税がかかりません。

　相続税の代わりに、もらった相続人には、一時所得として、所得税がかかります。

　会社の役員が亡くなった場合には、死亡退職金について、株主総会の承認をうけなければなりません。

　ゆえに、亡くなってから、すぐに、死亡退職金の金額が決まるとは限りません。

　そこで、

　　　　3年以内に決まったもの　　　　　　相続税
　　　　3年を過ぎて決まったもの　　　　　　所得税

を、それぞれ、かけることにしています。

(3)　生前3年以内にもらった財産に相続税がかかるのか

　相続や遺贈によって財産をもらった人が、亡くなる日前3年以内に、その相続にかかる被相続人から、財産をもらったことがある場合には、その贈与によってもらった財産を、相続財産に加えて、相続税を計算することになっています。

　すなわち、**生前3年以内にもらった財産に相続税がかかる**、ということです。

　生前にもらった財産は、亡くなった日においては、被相続人の財産ではありません。

　本来であれば、相続税はかからないはずです。

　しかし、生前３年以内にもらった財産には、相続税がかかります。

　これは、被相続人が、あとわずかな命というときに、相続税を少しでも安くしようということで、亡くなる間際に、あらかじめ、相続人に財産を分ける、このような行為を抑えることをねらっています。

　生前３年以内にもらった財産は、本来の相続財産ではありません。

　また、みなし相続財産でもありません。

　しかし、相続税を計算する場合には、相続財産に加える、というものです。

　したがって、生前の贈与が、取り消されるものではありません。

　贈与そのものは、そのままです。

　あくまでも、相続税を計算するときに、相続財産に加えるというものです。

　たとえば、X年４月10日に、相続があった場合には、（X−３）年４月10日からX年４月10日までの３年間に、被相続人から贈与によってもらった財産を、相続財産に加えて、相続税の計算をします。

　なお、生前３年以内に贈与をうけた財産に、相続税がかかるのは、

**　　相続や遺贈によって財産をもらった人**

がいる場合です。

　たとえば、相続人である子、長男が、被相続人から、亡くなる１年前に

土地をもらっているとします。

　この場合、長男が、今回の相続によって、被相続人の財産をもらったときには、生前に長男がもらった土地は、相続財産に加えて、相続税を計算することになります。

　しかし、もし、長男が、今回の相続によって、被相続人の財産を何ももらっていないときには、生前に長男がもらった土地は、相続財産に加える必要がありません。

　また、たとえば、相続人でない孫が、被相続人から、亡くなる1年前に土地をもらっているとします。

　この場合、孫が、遺贈によって、被相続人の財産をもらったときには、生前に孫がもらった土地は、相続財産に加えて、相続税を計算することになります。

　しかし、もし、孫が、被相続人から遺贈をうけていないときには、生前に孫がもらった土地は、相続財産に加える必要がありません。

　これをまとめると、つぎのとおりです。

生前3年以内に贈与により被相続人から財産をもらった人	相続や遺贈により被相続人から財産をもらったかどうか	生前3年以内の贈与を相続財産に加えるかどうか
相　続　人 （たとえば子）	相続や遺贈によりもらっている	加える
相　続　人 （たとえば子）	何ももらっていない	加えない
相続人以外の人 （たとえば孫）	遺贈によりもらっている	加える
相続人以外の人 （たとえば孫）	何ももらっていない	加えない

　生前３年以内の贈与として、相続財産に加える場合の金額は、

　　　　生前に贈与をうけたときの価額

によります。

　相続や遺贈をうけたときの価額ではありません。

　また、被相続人の配偶者が、生前３年以内に、被相続人から贈与によって、居住用財産をもらっている場合で、その財産について贈与税の配偶者控除をうけているときは、贈与税の配偶者控除をうけた部分については、相続財産に加えないでよいことになっています。

　すなわち、贈与税の配偶者控除をうけた部分については、相続財産に加えない、ということです。

　なお、贈与税の配偶者控除については、あとでくわしくお話しします。

《税制改正》

　令和５年度の税制改正により、

　　　　・「生前３年以内にもらった財産に相続税がかかる」が、

　　　　・「生前７年以内にもらった財産に相続税がかかる」

となります。

　この改正は、

　　　　・令和６年１月１日以後に贈与によりもらった財産にかかる相続税

について適用されます。

　この場合、令和６年１月１日以後の贈与で、生前３年超７年以内の贈与分の財産については、生前３年超の期間で、総額100万円を控除した金額が、相続財産となります。

　したがって、令和６年１月１日以降の相続等（相続、遺贈）については、つぎのように生前贈与の相続財産への加算が行われることになります。

① 令和6年1月1日から令和8年12月31日までの間の相続等

・生前3年以内にもらった財産が、相続財産に加算されます。

② 令和9年1月1日から令和12年12月31日までの間の相続等

・令和6年1月1日からその相続開始の日までの間にもらった財産が、相続財産に加算されます。

③ 令和13年1月1日以降の相続等

・生前7年以内にもらった財産が、相続財産に加算されます。

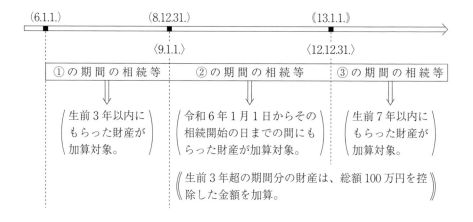

(4) 特別寄与料に相続税がかかるのか

民法改正により、令和元年7月1日から、

・相続人以外の親族が、被相続人の病養看護等をした場合、

・一定の要件のもとで、

・相続人に対して金銭の支払いを請求できる

ことになります。

すなわち、「特別寄与料」を請求できることになります。

この「特別寄与料」については、

　　・特別寄与者が、

　　・被相続人から遺贈により取得したものとみなして

　　・相続税がかかる

ことになります。

ま と め

1　相続税がかかる財産には、本来の相続財産・みなし相続財産・生前3年以内の贈与財産の3つがある。

2　本来の相続財産は、被相続人が亡くなった日にもっていたすべての財産である。

3　その代表的なものとして、土地・借地権・現預金・株式などがある。

4　みなし相続財産には、生命保険金・死亡退職金などがある。

5　生前3年（令和13年1月1日以後の相続等から、7年）以内の贈与財産は、相続税の計算上、加算する。

　　令和6年1月1日以後の贈与で、生前3年超の期間分の贈与財産については、総額100万円を控除した金額が相続財産となる。

6　特別寄与料に相続税がかかる。

4　どんな財産には相続税がかからないのか

相続や遺贈によってもらったすべての財産に、相続税がかかります。

しかし、相続や遺贈によってもらった財産のなかには、その財産の性質、国民感情、社会政策的な側面などから、相続税をかけるのは適当ではないものがあります。

そこで、このような財産については、相続税をかけないこととしています。

このような財産を

非課税財産

といいます。

非課税財産の主なものは、つぎのとおりです。

(1)　お墓には相続税がかからないのか

お墓には、祖先崇拝の慣習をふまえて、相続税がかかりません。

国民感情の面からも、当然のことです。

お墓のほかに、仏ダン・神だな・位はい・神具などにも、相続税がかかりません。

たとえ、どんなに立派で、価値があるものであっても、相続税がかかりません。

ただし、仏像などを商品や骨とう品としてもっていた場合には、相続税がかかります。

(2) 生命保険金の一部には相続税がかからないのか

　被相続人の死亡によって、被相続人が保険料を支払っていた生命保険金を、相続人がもらった場合には、その生命保険金は、相続財産とみなされます。

　相続税がかかります。

　しかし、もらった生命保険金について、マルマル相続税がかかるというのでは、生命保険の目的からいっても、適当ではありません。

　そこで、相続税がかかる生命保険金のうち、

　　　　相続人がもらった生命保険金で、一定の金額まで

については、相続税がかからないことになっています。

　一定の金額が、非課税となります。

　非課税となる一定の金額は、

　　　　500万円×修正法定相続人の数

です。

　すなわち、修正法定相続人1人につき、500万円、です。

　修正法定相続人ですから、法定相続人のなかに養子がたくさんいる場合には、前にもお話ししたように、法定相続人の数を修正することになります。

　ご注意下さい。

　たとえば、

　　　　法定相続人　　　　　妻A　実子B　養子C

　　　　もらった生命保険金　A　3,000万円

　　　　　　　　　　　　　　B　1,500万円

　　　　　　　　　　　　　　C　　500万円

の場合には、修正法定相続人の数は、法定相続人の数と同じ、3人となります。

　よって、非課税となる金額は、トータルで、

　　　　500万円×3人＝1,500万円

となります。

　この、非課税となる合計金額1,500万円を、それぞれの相続人に、もらった生命保険金額の割合で按分することになっています。

　もらった生命保険金額の割合は、

　　　　A　3,000万円（60%）

　　　　B　1,500万円（30%）

　　　　C　　500万円（10%）

　　　　計　5,000万円（100%）

となりますので、それぞれの相続人の、非課税となる金額は、

　　　　A　1,500万円×60%＝900万円

　　　　B　1,500万円×30%＝450万円

　　　　C　1,500万円×10%＝150万円

となります。

　それぞれの相続人について、相続税がかかる金額は、

　　　　A　3,000万円－　900万円＝2,100万円

　　　　B　1,500万円－　450万円＝1,050万円

　　　　C　　500万円－　150万円＝　350万円

　　　　計　5,000万円　1,500万円　3,500万円

　　　　　　　　　　　　　　↑　　　　　↑

　　　　　　　　　　（非課税金額）（相続税がかかる）
　　　　　　　　　　（のトータル）（金額のトータル）

となります。

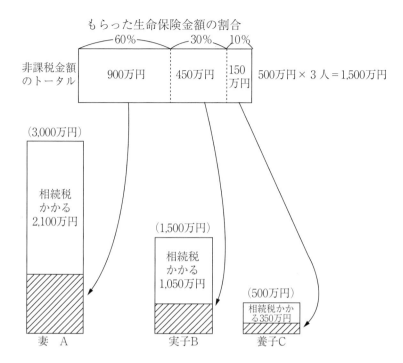

また、たとえば、

　　　　法定相続人　　　　　妻A　実子B　養子C　養子D

　　もらった生命保険金　A　4,000万円

　　　　　　　　　　　　B　2,400万円

　　　　　　　　　　　　C　　800万円

　　　　　　　　　　　　D　　800万円

の場合には、修正法定相続人の数は、妻A・実子B・養子1人、の3人と
なります。

　　よって、非課税となる金額は、トータルで、

　　　　500万円×3人＝1,500万円

となります。

　もらった生命保険金額の割合は、

　　　　A　4,000万円（ 50％）

　　　　B　2,400万円（ 30％）

　　　　C　　800万円（ 10％）

　　　　D　　800万円（ 10％）

　　　　計　8,000万円（100％）

となりますので、それぞれの相続人の非課税となる金額は、

　　　　A　1,500万円×50％＝750万円

　　　　B　1,500万円×30％＝450万円

　　　　C　1,500万円×10％＝150万円

　　　　D　1,500万円×10％＝150万円

となります。

　そこで、それぞれの相続人について、相続税がかかる金額は、

　　　　A　4,000万円－　750万円＝3,250万円

　　　　B　2,400万円－　450万円＝1,950万円

　　　　C　　800万円－　150万円＝　650万円

　　　　D　　800万円－　150万円＝　650万円

　　　　計　8,000万円　1,500万円　6,500万円

　　　　　　　　　　　　　↑　　　　↑

　　　　　　　　　　（非課税金額）（相続税がかかる）
　　　　　　　　　　（のトータル）（金額のトータル）

となります。

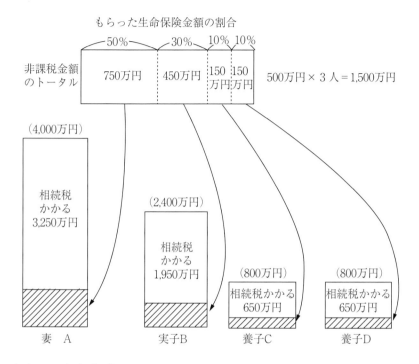

さらに、たとえば、

　　　法定相続人　　　　　　妻A

　　　もらった生命保険金　A　1,500万円

　　　　　　　　　　　　　B　　500万円（相続人ではない）

の場合に、非課税になる金額

　　　500万円×1人＝500万円

を、もらった生命保険金額の割合

　　　A　1,500万円（　75％）

　　　B　　500万円（　25％）

　　　計　2,000万円（100％）

で按分して、相続税がかかる金額は、

> 　Ａ　1,500万円−375万円（＝500万円×75％）＝1,125万円
> 　Ｂ　　500万円−125万円（＝500万円×25％）＝　375万円

とはなりません。

　非課税の枠500万円を使える人は、生命保険金をもらった**相続人、**だけです。

　相続人でないＢについては、もらった生命保険金ぜんぶに相続税がかかります。

　したがって、相続税がかかる金額は、

> 　Ａ　1,500万円−500万円＝1,000万円
> 　Ｂ　　500万円−　0　円＝　500万円

となります。

(3)　死亡退職金の一部には相続税がかからないのか

　被相続人の死亡によって、死亡退職金を相続人がもらった場合には、その死亡退職金は、相続財産とみなされます。

　相続税がかかります。

　しかし、もらった死亡退職金について、マルマル相続税がかかるというのでは、相続後の相続人の生活資金を考えれば、適当ではありません。

　そこで、相続税がかかる死亡退職金のうち、

> 　　**相続人**がもらった死亡退職金で、一定の金額まで

については、相続税がかからないことになっています。

　非課税となる一定の金額は、

> 　　**500万円×修正法定相続人の数**

です。

　すなわち、修正法定相続人1人につき、500万円です。

　修正法定相続人ですから、法定相続人のなかに養子がたくさんいる場合には、法定相続人の数を修正することになります。

　相続税がかかる金額の計算のしかたは、生命保険金とまったく同じです。

　たとえば、

　　　　　法定相続人　　　　　妻A　養子B　養子C　養子D

　　　　　もらった死亡退職金　A　9,000万円

　　　　　　　　　　　　　　　B　1,000万円

の場合には、修正法定相続人の数は、妻A・養子2人、の3人となります。

　よって、非課税となる金額は、トータルで、

　　　　　500万円×3人＝1,500万円

となります。

　もらった死亡退職金額の割合は、

　　　　　A　9,000万円 （ 90%）

　　　　　B　1,000万円 （ 10%）

　　　　　計 10,000万円 （100%）

となりますので、それぞれの相続人の非課税となる金額は、

　　　　　A　1,500万円×90%＝1,350万円

　　　　　B　1,500万円×10%＝　150万円

となります。

　そこで、それぞれの相続人について、相続税がかかる金額は、

A　9,000万円－1,350万円＝7,650万円

B　　1,000万円－　150万円＝　850万円

計　10,000万円　1,500万円　8,500万円

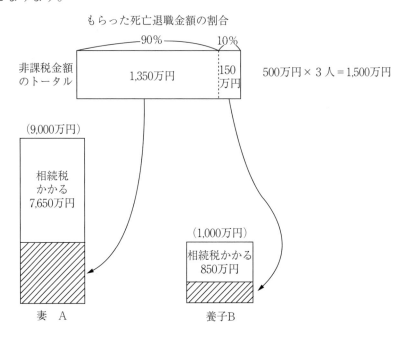

（非課税金額のトータル）（相続税がかかる金額のトータル）

となります。

もらった死亡退職金額の割合

非課税金額のトータル

500万円×3人＝1,500万円

(4)　弔慰金には相続税がかからないのか

　被相続人が亡くなって、相続人が、会社からもらった退職金は、みなし相続財産となり、相続税がかかります。

　ところで、被相続人の死亡のときには、退職金のほかに、弔慰金とか花

輪代とか、いろいろな名義でたくさんの方から、お金や品物をもらうのが一般的です。

弔慰金や花輪代などは、遺族に弔慰を表わすものとして、世間一般の慣例となっているものです。

このようなものまで、みなし相続財産としているわけではありません。

みなし相続財産として相続税がかかるのは、死亡退職金だけです。

弔慰金や花輪代は、その金額が、常識的なものであれば、相続税がかかりません。

すなわち、**非課税**です。

ところが、**常識的な金額**、というのは、どれ位なのか、なかなかいうべくしてムヅかしいものです。

そこで、相続税の取扱いでは、形式的な基準を設けて、この基準以内の金額は、弔慰金として相続税をかけない、この基準を超えた金額は、死亡退職金とみなして相続税をかける、としています。

形式的な基準は、つぎの金額を弔慰金として相続税をかけないことにしています。

① 業務上の死亡の場合……**死亡時の普通給与の3年分**

② その他の死亡の場合……**死亡時の普通給与の6ヶ月分**

たとえば、100万円の給与をもらっていた人が亡くなって、1,000万円の弔慰金をもらった場合に、その人が業務上の死亡でないとすると、

　　　　弔慰金として相続税がかからない金額

　　　　　　100万円×6ヶ月分＝600万円

　　　　死亡退職金とみなされて相続税がかかる金額

　　　　　　1,000万円－600万円＝400万円

となります。

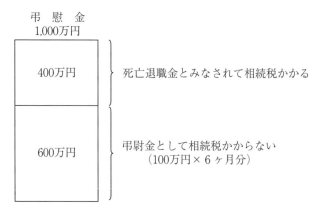

また、たとえば、100万円の給与をもらっていた人が亡くなって、

　　　退職金として　　2,000万円

　　　弔慰金として　　1,000万円

をもらった場合に、その人が業務上の死亡でないとすると、

　　　弔慰金として相続税がかからない金額　　　600万円

　　　　　　　　　（100万円×6ヶ月）

　　　死亡退職金として相続税がかかる金額　　2,400万円

　　　　退職金となるもの　　　　　　　　　　　　　2,000万円

　　　　弔慰金のうち退職金となるもの　　　　　　　　400万円

　　　　　　　　　（1,000万円−600万円）

となります。

⑸　国などに寄付した財産には相続税がかからないのか

　相続や遺贈によってもらった財産には、当然、相続税がかかります。

　しかし、そのもらった財産を、もらった人が、

　　　国や地方公共団体

特定の公益法人

に寄付した場合には、その寄付した財産については、相続税がかかりません。

これは、所得税や法人税においても、公益性を考えて、特定の寄付金を認めていることと同じように、相続税の場合も、特定の公益法人へ相続財産を寄付した場合には、その寄付した財産には、相続税がかからないことになっているわけです。

この非課税の特例をうけるためには、いろいろな要件があります。

主なものは、つぎのとおりです。

① 相続税の申告期限まで（被相続人が亡くなった日から10ヶ月以内）に寄付すること

② 相続や遺贈によってもらった財産そのものを寄付すること

　もらった財産を売って、その代金を寄付した場合には、相続税がかかります。

③ すでに、設立されている特定の公益法人への寄付であること

　特定の公益法人を設立するための寄付は、相続税がかかります。

④ 寄付をうけた特定の公益法人が、寄付をした日から2年以内に、寄付をうけた財産を、公益事業に使っていること

⑤ その寄付によって、寄付した人やその親族の税金が、不当に安くならないこと

　寄付をうけた特定の公益法人の役員が、寄付した人やその親族を中心に組織されていたり、特定の公益法人のもっている資産を、寄付した人やその親族に安く貸していたりしている場合には、相続税がかかります。

> ### ま　と　め
>
> 1　お墓や仏ダンには、相続税がかからない。
>
> 2　生命保険金のうち非課税となる金額は、修正法定相続人1人に
> つき500万円である。
>
> 3　非課税となる合計金額を、それぞれの相続人に、もらった生命
> 保険金額の割合で按分する。
>
> 4　死亡退職金のうち非課税となる金額は、修正法定相続人1人に
> つき500万円である。
>
> 5　非課税となる合計金額を、それぞれの相続人に、もらった死亡
> 退職金額の割合で按分する。
>
> 6　弔慰金や花輪代には、相続税がかからない。
>
> 7　弔慰金のうち、つぎの金額を超えた部分は、死亡退職金とみな
> されて相続税がかかる。
>
> 　　業務上の死亡……死亡時の普通給与の3年分
>
> 　　その他の死亡……死亡時の普通供与の6ヶ月分
>
> 8　相続によってもらった財産を、もらった人が、特定の公益法人
> へ、相続税の申告期限までに寄付した場合には、その寄付した財
> 産については、相続税がかからない。

5　どんなものが相続財産からマイナスできるのか

⑴　借入金は相続財産からマイナスできるのか

被相続人は、財産だけを残して亡くなるとは限りません。

被相続人が生前に借入金をして、ぜんぶ返さないうちに、亡くなってしまうこともあります。

この場合の借入金も、相続人がひきつぐことになります。

被相続人が残した借入金や未払税金などは、マイナスの要素ですから、相続財産から差し引くことになります。

これを、

　　　　債務控除

といいます。

債務控除として、相続財産からマイナスされるのは、

　　　　被相続人の債務で、

　　　　亡くなったとき存在していて、

　　　　支払うことが確実なもの

であれば、どのようなものでもかまいません。

たとえば、つぎのような、亡くなった日現在の債務が、債務控除として、相続財産からマイナスされます。

①　銀行や会社などからの借入金・未払利息

②　買った不動産などの未払金

③　電気代など生活費の未払分

④　入院費など医療費の未払分

⑤　個人が事業をしている場合の、事実上の買掛金・未払金など

⑥　土地・建物にかかる固定資産税の未納分

固定資産税は、1月1日にもっている人にかかってくる税金です。その支払通知は、4月にきます。

この場合、1月1日において、支払うことが確実なものとして、取り扱われます。

たとえば、被相続人が、2月に亡くなった場合には、4月に固定資産税の支払の通知がきたとしても、亡くなった日において、支払うことが確実なものとして、この固定資産税は、債務控除をすることができます。

⑦　被相続人の所得税の未納分

所得税の確定申告は、1月1日から12月31日までの1年分を、翌年の3月15日までに申告することになっています。

しかし、年の途中で亡くなってしまった場合は、翌年の3月15日までに申告すればよい、というわけにはいきません。

1月1日から亡くなった日までの所得を計算して、**亡くなった日から4ヶ月以内**に、相続人が、被相続人に代わって申告しなければなりません。

この申告のことを、

準確定申告

といいます。

準確定申告によって、納めなければならない所得税は、債務控除することができます。

⑧　被相続人の県民税・市民税などの未納分

⑨　相続人が支払うべき特別寄与料の額

　なお、お墓や仏ダンなどを買った代金が未払いとなっていたとしても、その未払金は、債務控除することができません。

　それは、お墓などの財産は、非課税となっているため、その見返りとして債務控除もできない、ということです。

　したがって、お墓などの非課税財産は、生前に買って、代金もぜんぶ支払っておくことです。

(2)　葬式費用は相続財産からマイナスできるのか

　被相続人にかかる葬式費用も、相続財産からマイナスすることができます。

　すなわち、債務控除することができます。

　葬式費用は、被相続人の債務ではありません。

　しかし、人が亡くなった場合には、葬式は必ず行われるところから、葬式費用は、被相続人の相続財産からマイナスすべき性格のものです。

　そこで、相続税を計算するときに、債務控除することができることになっています。

　ひとくちに、葬式費用といっても、その内容はさまざまです。

　どこまでが、マイナスできる葬式費用なのか問題となります。

　相続税の取扱いでは、マイナスできる葬式費用になるものと、葬式費用にならないものとに区分しています。

　これをまとめると、つぎのとおりです。

①　葬式費用になるもの

　　イ　葬式（仮葬式・本葬式）に要した費用

　　ロ　火葬、納骨、遺骨の回送などに要した費用

　　ハ　そのほか通常葬式にともなう費用

　　ニ　死体の捜索または死体、遺骨の運搬に要した費用

　お寺へのお布施、戒名料などのように、領収書がないものであっても、葬式費用として債務控除することができます。

　②　**葬式費用にならないもの**

　　イ　香典返しの費用

　　　香典をもらっても、それが常識的な金額であれば、相続税がかからないことになっていますので、当然のことです。

　　ロ　墓地、墓碑の買入費用または墓地の借入料

　　ハ　初七日その他法事に要した費用

　　ニ　死体解剖に要した費用

> ### ま　と　め
>
> 1　被相続人の債務と被相続人にかかる葬式費用は、債務控除できる。
>
> 2　債務控除できる被相続人の債務は、亡くなったとき存在していて、支払うことが確実なものだけである。
>
> 3　固定資産税は、1月1日において、支払うことが確実なものとなる。
>
> 4　1月1日から亡くなった日までの所得を計算して、亡くなった日から4ヶ月以内に、準確定申告しなければならない。
>
> 5　準確定申告にかかる所得税は、債務控除できる。
>
> 6　お墓などの未払金は、債務控除できない。
>
> 7　お寺へのお布施、戒名料は、領収書がなくても債務控除できる。
>
> 8　香典返しの費用は、債務控除できない。
>
> 9　初七日、四十九日などの法事に関する費用は、債務控除できない。

6 相続税はどのようにして計算するのか

(1) 相続税の計算のしくみはどうなっているのか

相続税の計算は、相続や遺贈によって財産をもらった人ごとに、

もらった財産の合計額

－非課税財産の合計額

－債務控除の合計額
_____

相続税がかかる金額

を計算して、その金額に税率をかける、というものではありません。

そんなにカンタンにはいきません。

相続税の計算のしくみは、つぎのように3段階になっています。

第1段階　課税価格の計算

第2段階　相続税の総額の計算

第3段階　各人の相続税額の計算

以上のように、段階をふみながら、体系的に、積み上げ計算をして、各人が納めるべき相続税額をはじき出します。

(2) 課税価格の計算はどのようにするのか

まずは、第1段階の課税価格です。

課税価格というのは、ズバリ、

相続税がかかる金額

をいいます。

課税価格は、相続や遺贈によって、**財産をもらった人ごとに**、つぎのように計算します。

本 来 の 相 続 財 産

……………… 相続や遺贈によってもらった
被相続人所有の財産

＋

み な し 相 続 財 産

……………… 被相続人が保険料を支払っていた
生命保険金、死亡退職金

＋

| 生前 3 年以内に
贈与でもらった財産 |
|---|

……………… 亡くなる日前 3 年以内（※）に被
相続人からもらった財産
（※） 令和13年 1 月 1 日以降の相
続等から、亡くなる日前 7 年
以内、となります。
　令和 6 年 1 月 1 日以降の贈
与分から、生前 3 年超 7 年以
内の贈与については、総額で
100万円までは相続財産に加算
しません。

－

非 課 税 財 産

……………… 相続や遺贈によってもらった
お墓・仏ダン・生命保険金や死亡
退職金の一部など

－

債 務 控 除

……………… 被相続人の債務、被相続人にかか
る葬式費用

＝

課 税 価 格

……………… 相続や遺贈によって財産をもらった
人の「相続税がかかる金額」

　課税価格を計算するうえで、土地や建物や株式などは、いくらで評価するか、大変むずかしいところです。

　そこで、相続税の取扱いでは、こういうものを評価する場合の基準を設けています。

　この評価基準によって計算されたものが、

　　　　　相続税評価額

といわれるものです。

　相続税評価額については、あとでくわしくお話しします。

　すなわち、土地・建物・株式などについては、被相続人が亡くなったときの、相続税評価額で課税価格を計算することになります。

(3)　相続税の総額の計算はどのようにするのか

　第2段階は、相続税の総額の計算です。

①　まず、第1段階の、各人ごとの**課税価格の合計額**を計算します。

②　そして、その合計額から、基礎控除額をマイナスして、**課税遺産総額**を計算します。

　　これが、実際に、相続税がかかる金額ということになります。

　　基礎控除額は、前にもお話ししたように、

　　　　3,000万円＋(600万円×修正法定相続人の数)

　です。

③　つぎに、もし、修正法定相続人が、**法定相続分**どおりに財産をもらったと仮定した場合の金額を計算します。

　　ということは、課税遺産総額に法定相続分をかけて金額を計算します。

　　　これは、実際に、被相続人の財産が、どのように分けられていよう
　と、まったく、関係ありません。

　　　あくまでも、仮定の計算です。

④　さらに、この仮定計算をした金額に一定の税率をかけて、それぞれ
　の税額を計算します。

　　　これは、仮定の税額です。

⑤　最後に、この仮定の税額を合計します。

　この合計した金額が、

　　　　　　相続税の総額

となります。

　ということは、相続税の総額は、

　　　　　　課税価格

　　　　　　修正法定相続人の数

さえわかれば、スグに、計算できることになります。

相続税の総額の計算の流れをまとめると、つぎのとおりです。

相続税の総額の計算の流れ〈その１〉

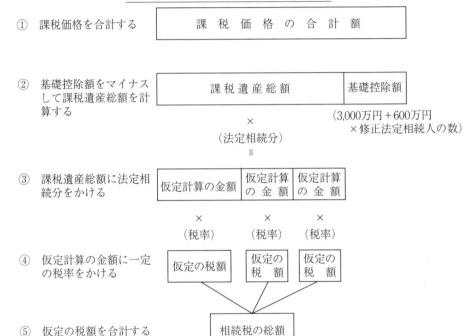

① 課税価格を合計する　　課　税　価　格　の　合　計　額

② 基礎控除額をマイナスして課税遺産総額を計算する　　課　税　遺　産　総　額　　基礎控除額

×　　　　　　　　　　　（3,000万円＋600万円
（法定相続分）　　　　　　　　　×修正法定相続人の数）
＝

③ 課税遺産総額に法定相続分をかける　　仮定計算の金額　仮定計算の金額　仮定計算の金額

×　　　×　　　×
（税率）　（税率）　（税率）

④ 仮定計算の金額に一定の税率をかける　　仮定の税額　仮定の税額　仮定の税額

⑤ 仮定の税額を合計する　　相続税の総額

（この図は、ご説明のあとで、79ページ〈その２〉に続きます。）

　たとえば、相続人の課税価格

妻　　A　24,480万円

長　男　B　12,240万円

二　男　C　　4,080万円

　　法定相続人　　　　　　　4人
　　（養子はいない）

妻A　長男B　二男C

長女D（何も相続しない）

とした場合、相続税の総額は、つぎのようになります。

（妻A）　　　（長男B）　　（二男C）

①　課税価格の合計額　24,480万円＋12,240万円＋4,080万円

$$＝40,800万円$$

（基礎控除額）

②　課税遺産総額　40,800万円－〔3,000万円＋600万円×4人〕

$$＝35,400万円$$

（法定相続分）

③　仮定計算の金額　妻　A　$35,400万円× \frac{1}{2} ＝17,700万円$

$$長男B　35,400万円×\frac{1}{2}×\frac{1}{3}＝5,900万円$$

$$二男C　35,400万円×\frac{1}{2}×\frac{1}{3}＝5,900万円$$

$$長女D　35,400万円×\frac{1}{2}×\frac{1}{3}＝5,900万円$$

④　仮定の税額

　　つぎページの相続税の速算表によって計算します。

妻　　A　17,700万円×40％－1,700万円＝5,380万円

長男B　　5,900万円×30％－　700万円＝1,070万円

二男C　　5,900万円×30％－　700万円＝1,070万円

長女D　　5,900万円×30％－　700万円＝1,070万円

⑤ 相続税の総額　5,380万円＋1,070万円＋1,070万円＋1,070万円

＝8,590万円

相 続 税 の 速 算 表　　（単位：万円）

仮定計算の金額	税率	控除額	仮定計算の金額	税率	控除額
以下 1,000	% 10	－	超　　以下 10,000～20,000	% 40	1,700
超　　以下 1,000～3,000	% 15	50	超　　以下 20,000～30,000	% 45	2,700
超　　以下 3,000～5,000	% 20	200	超　　以下 30,000～60,000	% 50	4,200
超　　以下 5,000～10,000	% 30	700	超 60,000	% 55	7,200

〔計算例〕　たとえば、仮定計算の金額が、17,700万円の場合、

17,700万円×40％−1,700万円＝5,380万円

(4)　相続人ごとの相続税の計算はどのようにするのか

　相続税の総額は、誰が、いくら相続したかには関係なく、法定相続人が、法定相続分どおりに財産をもらったと仮定して計算しました。

　それから、最後の第3段階の、各人の相続税額の計算に入ります。

　各人ごとの相続税額は、相続税の総額を、各人が、実際にもらった財産の割合によって按分して計算します。

　　　　相続税の総額×もらった財産の割合＝各人の相続税額

　もらった財産の割合は、

　　　　その人の課税価格÷課税価格の合計額

で計算します。

たとえば、前の例で各人ごとの相続税額を計算すると、つぎのようになります。

まず、各人のもらった財産の割合は、

妻　A　$\dfrac{24,480万円}{40,800万円}=0.60$

長男B　$\dfrac{12,240万円}{40,800万円}=0.30$

二男C　$\dfrac{4,080万円}{40,800万円}=0.10$

（計）　　　　　　　（1.00）

となります。

この割合は、いまは、ちょうど割り切れましたが、もし、割り切れない場合には、ふつう、小数点第2位まで出します。

ただし、全員の割合を合計したら1になるように調整しなければなりません。

たとえば、もらった財産の割合が、

X　0.62834

Y　0.32241

Z　0.04924

とすれば、

X　　0.63

Y　　0.32

Z　　0.05

（計）（1.00）

と調整します。

　それから、相続税の総額にこの割合をかけます。

　75ページの例に戻りますと、

　　　　妻　　A　8,590万円×0.60＝5,154万円

　　　　長男B　8,590万円×0.30＝2,577万円

　　　　二男C　8,590万円×0.10＝　859万円

　これが、財産をもらった人の納めなければならない相続税額、ということになります。しかし、こうして計算された相続税額が、その人の納めなければならない実際の相続税額にはならないケースがあります。

　それは、財産をもらった人が、どのような人かによって、ちがってくるケースがあるからです。

　ちがってくるケースには、

　　　　　税額が高くなるケース１つ

　　　　　税額が安くなるケース６つ

があります。

相続税の総額の計算の流れ〈その2〉

⑥　各人のもらった財産の
　　割合を計算する

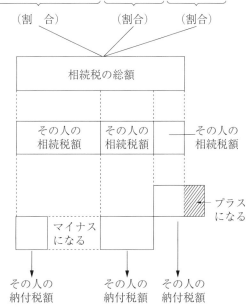

課 税 価 格 の 合 計 額		
その人の課税価格	その人の 課税価格	その人の 課税価格
（割　合）	（割合）	（割合）

⑦　相続税の総額に割合を
　　かけて各人の相続税額
　　を計算する

⑧　もらった人によって
　　税額が高くなるケース
　　税額が安くなるケース

相続税の総額

その人の
相続税額　　その人の
相続税額　　その人の
相続税額

プラス
になる

マイナス
になる

その人の
納付税額　　その人の
納付税額　　その人の
納付税額

(5)　相続税が高くなるケースとはどんなときか

　これまでの段階で、1人ごとの相続税額が計算されたわけですが、なかには、実際に納める相続税額が、それよりも高くなる人もあります。

　すなわち、税額が加算されるケースです。

　それは、相続や遺贈によって財産をもらった人が、

　　　　配偶者でない

　　　　被相続人の1親等の血族でない

場合です。

　すなわち、裏を返せば、財産をもらった人が、

　　　　配偶者

　　　　被相続人の1親等の血族

であれば、税額の加算はない、ということになります。

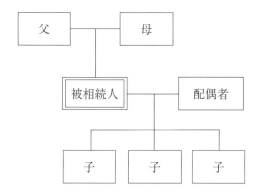

　ここに掲げてある人が財産をもらった場合には、税額の加算はありません。

　子が被相続人よりも前に亡くなっていた場合の代襲相続の孫にも、税額の加算はありません。

たとえば、

①　兄弟姉妹が、相続や遺贈によって財産をもらったとき

②　代襲相続人でない孫が、遺贈によって財産をもらったとき

③　被相続人の養子となっている孫が、相続によって財産をもらったとき

④　まったくの第三者が、遺贈によって財産をもらったとき

には、税額の加算があります。

　税額の加算は、ここまでの段階で計算された金額の

　　　　20％

です。

　たとえば、被相続人の兄が、遺贈によって財産をもらって、第3段階の相続税額が、100万円だとした場合、

　　　　20万円（100万円×20％）

が、加算されます。

　したがって、兄が納めなければならない相続税額は、

　　　　120万円（100万円＋20万円）

となります。

　この税額の20％加算は、血縁のうすい人や、まったく血のつながりのない人が、財産をもらうことは、きわめて偶然なことであるから、設けられたものです。

(6)　配偶者はどれくらい相続税が安くなるのか

第3段階で計算された、1人ごとの相続税額からマイナスして、実際に納める相続税額が安くなるケースには、6つあります。

すなわち、これが、**税額控除**、です。

そのなかで、代表的なものが、

配偶者の税額を安くする

取扱いです。

「妻が、相続財産の$\frac{1}{2}$を相続すれば、相続税は1円もかからない」ということをよく聞かれると思います。

これは、この「配偶者の税額を安くする」という税額控除のおかげです。

たとえば、相続財産6億円、このうち妻が相続した財産3億円、こういう場合に、妻には1円の相続税もかかりません。

また、相続財産100億円、妻が相続した財産50億円、この場合も、妻に相続税はかかりません。

これは、

配偶者の財産形成への貢献

配偶者の生活保障

配偶者の死亡時に相続税をかける

ということで、設けられた特例です。

この特例は、配偶者の婚姻期間に制限がありません。

たとえ、婚姻期間が、1日であっても、この特例をうけることができます。

もちろん、婚姻の届出をしていないとダメです。

配偶者の税額を安くする特例の公式は、

$$\left.\begin{array}{l} \text{課税価格の合計額×配偶者の法定相続分} \\ \text{1億6,000万円} \end{array}\right\} \text{いずれか多い方の金額}$$

です。

　この公式をみますと、2分の1、という数字はどこにもありません。配偶者の法定相続分、というのは、

　　　　配偶者と子が相続人の場合　　　　　　$\dfrac{1}{2}$

　　　　配偶者と父母が相続人の場合　　　　　$\dfrac{2}{3}$

　　　　配偶者と兄弟姉妹が相続人の場合　　　$\dfrac{3}{4}$

となります。

　相続人のなかに子がいれば、配偶者の法定相続分は、2分の1となります。

　すなわち、子がいる場合の特例の公式が、

$$\left.\begin{array}{l} \text{課税価格の合計額×}\dfrac{1}{2} \\ \text{1億6,000万円} \end{array}\right\} \text{いずれか多い方の金額}$$

となります。

　配偶者が、この金額までの相続財産をもらった場合には、相続税はまったくかからない、ということです。

　しかし、もし、この金額を超えて相続財産をもらった場合には、この金額を超えた部分に対応する相続税を支払う、ということです。

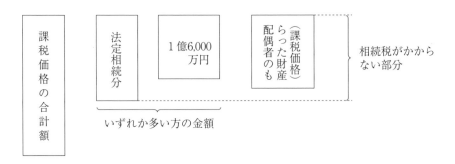

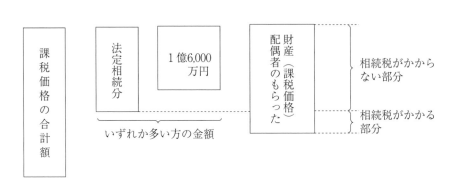

　では、具体的に、配偶者の税額控除として、いくらをマイナスすればよいのでしょうか。

　例として、配偶者と子が相続人である場合をみてみましょう。

　まず、課税価格の合計額が、3億2,000万円以上の場合には、

$$相続税の総額 \times \frac{1}{2}$$

をマイナスします。

　もし、課税価格の合計額が、3億2,000万円未満の場合には、

$$相続税の総額 \times \frac{1億6,000万円}{課税価格の合計額}$$

をマイナスします。

　たとえば、

　　　　課税価格の合計額　　　　4億円

　　　　相続税の総額　　　　　　1億円

　　　　配偶者が財産を
　　　　もらった割合　　60％（2億4,000万円）

とすれば、配偶者の第3段階の相続税額は、

　　　　1億円×60％＝6,000万円

となります。

　それから、マイナスする配偶者の税額控除額は、

　　　　1億円×$\frac{1}{2}$＝5,000万円

となります。

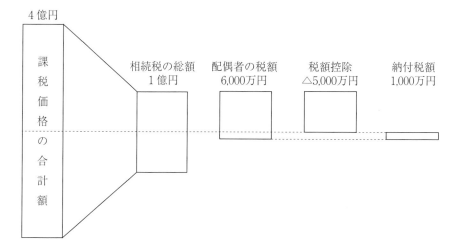

　したがって、配偶者が払わなければならない相続税額は、

　　　　6,000万円－5,000万円＝1,000万円

となります。

もし、財産をもらった割合が、40％（1億6,000万円）とした場合には、

① 第3段階の配偶者の相続税額　　　　　　　1億円×40％＝4,000万円

② 配偶者の税額控除額　　　　　　　　　　　1億円×$\frac{1}{2}$＝5,000万円

③ 配偶者の納付税額　　　4,000万円－5,000万円＝△1,000万円＝0

となります。

配偶者が払わなければならない相続税額は、ゼロとなります。

しかし、引ききれなかった1,000万円は、権利放棄となります。

相続人全員の相続税額をトータルした場合には、1,000万円分だけ損したことになります。

ということは、配偶者の税額控除をフルに使うためには、配偶者が、課税価格の合計額の$\frac{1}{2}$以上の財産をもらうことです。

また、たとえば、

　　　　　課税価格の合計額　　　　2億円

　　　　　相続税の総額　　　　1,000万円

　　　　　配偶者が財産を
　　　　　もらった割合　　　70％（1億4,000万円）

とすれば、

① 第3段階の配偶者の相続税額　　　1,000万円×70％＝700万円

② 配偶者の税額控除額　　1,000万円×$\dfrac{1億6,000万円}{2億円}$＝800万円

③ 配偶者の納付税額　　　　700万円－800万円＝△100万円＝0

となります。

この場合も、100万円は、権利放棄となります。

課税価格の合計額が、3億2,000万円未満の場合に、配偶者の税額控除をフルに使うためには、配偶者が、1億6,000万円以上の財産をもらうことです。

　もう一度まとめますと、配偶者の税額控除をフルに使うためには、配偶者が、

　　　　課税価格の合計額の$\frac{1}{2}$

　　　　　　　　か

　　　1億6,000万円

　　　のいずれか多い方の金額

以上の財産をもらうことです。

　なお、この配偶者の軽減措置は、

　　　　配偶者が、隠ぺい、仮装していた財産を含めない

で計算することになります。

　相続税の申告にあたっては、申告もれのないように、ご注意下さい。

(7)　相続税が安くなるケースとはどんなときか

　6つの税額控除のうち、配偶者の税額控除については、お話ししましたが、残りの5つをまとめると、つぎのとおりです。

①　贈与税額控除

　　前にお話ししたように、相続や遺贈によって財産をもらった人が、亡くなる日前3年以内（※）に、被相続人から財産をもらったことがある場合には、その贈与によってもらった財産を、相続財産に加えて、相続税を計算することになっています。

　　すなわち、生前3年以内（※）に贈与をうけた財産は、課税価格にプラスする、ということです。

　　そうすると、生前の贈与のときに贈与税、相続のときに相続税、というのでは、同じ財産にダブル課税となってしまいます。

　　そこで、生前に贈与をうけた財産が、課税価格にプラスされた人について
は、前に支払った贈与税額を、その人の相続税額からマイナス
することにしています。

　　これを、**贈与税額控除**、といいます。

（※）　令和13年 1 月 1 日以後の相続等から、生前 7 年以内。

② **未成年者控除**

　　相続人が、未成年者、すなわち、18歳未満であるケースは、よくあ
ることです。

　　このような場合、未成年であるため、ふつうは、収入がありません。

　　ということは、成年になるまでの教育費などは、この相続財産にた
よらざるをえません。

　　そこで、相続人が未成年者であるときは、18歳になるまでの年数に
よって計算した金額を、相続税額からマイナスすることになっていま
す。これを、**未成年者控除**、といいます。

　　この未成年者控除ができる人は、**法定相続人**だけです。

　　たとえば、相続人ではない孫が、被相続人から遺言によって財産を
もらった場合、たとえ、孫が未成年者といえども、未成年者控除はで
きません。

　　マイナスできる金額は、その人が18歳になるまでの年数

　　　1 年につき10万円

です。

　　たとえば、相続のときの年齢が、10歳 6 ヶ月とすると、 1 年未満の
端数があるときは、切り捨てます。

　　すなわち、10歳で計算します。

　　未成年者控除としてマイナスできる金額は、80万円

　　　　　10万円×(18歳－10歳)

となります。

③　障害者控除

　　相続や遺贈によって財産をもらった人が、

　　　　法定相続人で、

　　　　障害者である

場合には、**85歳**になるまでの年数によって計算した金額を、相続税額からマイナスすることになっています。

　　これを、**障害者控除、**といいます。

　　マイナスできる金額は、その人が、85歳になるまでの年数

　　　　1 年につき10万円

です。

　　ただし、その人が、特別障害者の場合には、1 年につき20万円となります。

④　相次相続控除

　　短い間に、相続が 2 回以上も続くと、前の相続で相続税がかかった財産に、すぐ、また、相続税がかかることになります。

　　相続税の負担が、重くのしかかってきます。

　　そこで、この負担を軽くしようということで、一定の金額を相続税額からマイナスすることになっています。

　　これを、**相次相続控除、**といいます。

　　この場合、前の相続のことを「第 1 次相続」といい、あとの相続のことを「第 2 次相続」といいます。

　　この相次相続控除は、第 1 次相続と第 2 次相続との間が、10年以内のときにできます。

マイナスできる金額は、つぎの算式にしたがって計算します。

$$A \times \frac{C}{B-A} \times \frac{D}{C} \times \frac{10-E}{10}$$

(注)　$\frac{C}{B-A}$ が $\frac{100}{100}$ を超えるときは、$\frac{100}{100}$ とします。

A＝第2次相続の被相続人が、第1次相続でもらった財産に
　　かかった相続税額

B＝第2次相続の被相続人が、第1次相続でもらった財産の
　　価額

C＝第2次相続で、相続人などの全員がもらった財産の合計
　　額

D＝控除できるその相続人が、第2次相続でもらった財産の
　　価額

E＝第1次相続から第2次相続までの経過年数（1年未満の
　　端数切捨て）

この算式は、複雑なようですが、その考え方は、カンタンです。

たとえば、第1次相続につづいてすぐ、第2次相続があった場合に
は、第1次相続のときの相続税額をほとんどマイナスすることができ
ます。

また、第1次相続から第2次相続までの間が5年たっていれば、第
1次相続のときの相続税額の約半分をマイナスすることができます。

このように、第1次相続から第2次相続までの間が、長くなればな
るほど、マイナスできる金額は、少なくなるということです。

⑤　外国税額控除

被相続人が、外国に財産をもっていることもあります。

この場合でも、外国にある財産についても相続税がかかります。

ところが、その外国においても、日本の相続税に相当する税金がか

かっていることがあります。

　そうすると、同じ財産について、

　　　　外国においても相続税

　　　　日本においても相続税

と、ダブル課税になってしまいます。

　そこで、日本で相続税を計算するときに、外国でかかった相続税額をマイナスすることになっています。

　これを、**外国税額控除**、といいます。

⑻　相続財産が分割されない場合の相続税はどうなるのか

　相続税を計算する場合の第1段階は、課税価格の計算でした。

　この計算は、相続や遺贈によって財産をもらった人ごとにするわけです。

　ということは、相続税の申告期限までに、誰がどの財産を相続するか決まっていなければ、相続税の計算ができません。

　しかし、相続争いなどで、相続税の申告期限までに、誰がどの財産を相続するか、決まっていないこともままあります。

　このような場合に、誰がどの財産を相続するか決まるまで、相続税の申告を延ばすわけにはいきません。

　相続人が、民法で決められている相続分、すなわち、**法定相続分で財産をもらったものと仮定して**、課税価格を計算して、相続税を計算しなければならないことになっています。

　その後、誰がどの財産を相続するか決まったときには、キチンと相続税を計算して、それぞれの相続人が、訂正の申告をすることになります。

> **ま　と　め**
>
> 1　相続税の計算は、課税価格の計算、相続税の総額の計算、各人の相続税額の計算、の３段階に分かれている。
>
> 2　課税価格は、財産をもらった人ごとに、つぎのように計算する。
>
> 　　本来の相続財産＋みなし相続財産＋生前３年以内（※）に贈与でもらった財産－非課税財産－債務控除
>
> 　（※）　令和13年１月１日以後の相続等から、生前７年以内。
>
> 3　相続税の総額は、課税価格の合計額から基礎控除額をマイナスした金額を、法定相続分で財産をもらったと仮定して計算し、その仮定の税額を合計したものである。
>
> 4　相続人各人の相続税額は、相続税の総額に財産をもらった割合をかけて計算する。
>
> 5　血縁のうすい人や血のつながりのない人が、財産をもらった場合には、相続税が20％増しになる。
>
> 6　配偶者がもらった財産のうち、課税価格の合計額×配偶者の法定相続分か、１億6,000万円のいずれか多い方の金額までの部分については、相続税がかからない。
>
> 7　相続税が安くなるのは、配偶者の税額控除のほかに、贈与税額控除、未成年者控除など５つある。
>
> 8　相続税の申告期限までに、相続財産が分割されない場合には、法定相続分で財産をもらったと仮定して、相続税を計算する。

7 相続税はいつまでに申告・納付しなければならないのか

(1) 相続税はいつまでに申告しなければならないのか

これまでお話ししたように、相続税の計算ができましたら、こんどは、相続税申告書の提出です。

申告書を提出しなければならない人は、相続や遺贈によって財産をもらった人で、納めなければならない相続税額がある人です。

たとえ、相続や遺贈によって財産をもらっても、相続税額がない人は、申告する必要がありません。

納めなければならない相続税額のある人だけが、申告する必要がある、ということです。

すなわち、課税価格の合計額が、基礎控除額以下であれば、申告する必要はありません。

また、基礎控除額を超えていても、税額控除をしたら納めなければならない税額がゼロになれば、やはり申告する必要はありません。

これが原則です。

しかし、**配偶者の税額控除の特例**だけは、申告しないと認められません。

したがって、この特例をうけるためには、たとえ、納めなければならない相続税額がゼロとなっても、申告書を提出しなければなりません。

相続税の申告は、

被相続人が亡くなったことを知った日の翌日から10ヶ月以内

にしなければなりません。

ふつうは、被相続人が亡くなったことを、亡くなったその日に知ること

になりますので、

亡くなった日の翌日から10ヶ月以内

に相続税の申告をしなければならないことになります。

たとえば、1月26日に亡くなったとしますと、相続税の申告は、11月26日までにしなければなりません。

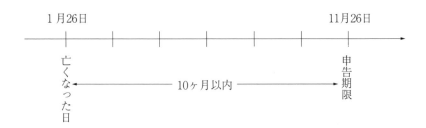

(2)　**相続税はどこに申告しなければならないのか**

相続税申告書は、被相続人の亡くなったときにおける住所地を所轄する税務署へ提出します。

相続人の住所地には関係がありません。

被相続人の住所地を所轄する税務署です。

たとえば、相続人が、東京、大阪、北海道に住んでいたとしても、被相続人の亡くなったときの住所が、東京都渋谷区にある場合には、相続人全員が、渋谷区を所轄する税務署へ申告することになります。

申告書は、相続人の数だけ提出する必要はありません。

申告書は、1部だけ提出すればよいことになっています。

　申告書は、相続人が連名で申告できるように作られていますので、ふつうは、各相続人が共同して申告書を作って、被相続人の住所地の所轄税務署に提出します。

(3)　相続税はいつまでに納めなければならないのか

　相続税は、**現金**で、**納期限までに全額納める**のが原則です。

　納期限は、申告書の提出期限と同じです。

　すなわち、相続税は、

　　　　申告期限内

に、現金で納めなければなりません。

　相続税を納める場所は、金融機関や税務署です。

　もし、納期限までに納めないと、延滞税がかけられます。

　延滞税は、つぎの割合でかかってきます。

①　2ヶ月遅れまでの部分

　　「延滞税特例基準割合」(注) + 1 %

②　2ヶ月を超える部分

　　「延滞税特例基準割合」(注) +7.3%

　(注)　「延滞税特例基準割合」とは、つぎの割合をいいます。

　　　　・各年の前々年の9月から前年8月までの各月における銀行の新規の短期貸出約定平均金利の合計を12で除して得た割合として各年の前年の11月30日までに財務大臣が告示する割合(「平均貸付割合」といいます。)に、年1%の割合を加算した割合

　ちなみに、延滞税の割合は、つぎのとおりとなります。

期　　　間	①の部分	②の部分
令和4年1月1日から 令和6年12月31日まで	年 2.4%	年 8.7%

なお、相続税を納めるために、相続財産の一部である土地等を

　　　亡くなった日の翌日から

　　　相続税の申告期限の翌日以降3年を経過する日まで

の間に売った場合には、売った土地等の所得税を計算するうえで、

　　　　相続した土地等にかかる相続税額

を譲渡所得からマイナスすることができます。

(4)　延納をすることができるのか

　相続税は、**現金**で、納期限までに全額納めるのが原則です。

　現金や預金だけをもらった相続人であれば、もらったなかから納めればよいわけです。

　ところが、土地や建物だけをもらった場合には、その土地や建物を売って、現金に替えないと納めることができません。

　そこで、一定の要件のもとに、年賦**延納**という形で、相続税を分割して納める方法があります。

　一定の要件とは、つぎのとおりです。

　　　①　納めなければならない相続税額が**10万円を超えている**こと

　　　②　現金で納めることが**困難**であること

　　　③　**担保**を提供すること

　　　④　申告期限までに**延納申請書**を提出すること

延納できる期間は、原則として、5年以内です。

しかし、相続財産のなかに不動産等がたくさんある場合には、10年や最高20年までの延納を認めてくれます。

延納をすれば、もちろん、利子税がかかります。

利子税の割合は、年6％、年5.4％、年4.8％、年3.6％と、不動産等の占める割合によって4段階に分かれています。

延納できる期間と利子税をまとめると、つぎの図のとおりです。

相続税の延納期間と利子税の割合

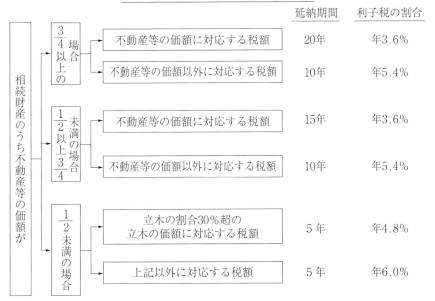

			延納期間	利子税の割合
相続財産のうち不動産等の価額が	$\frac{3}{4}$以上の場合	不動産等の価額に対応する税額	20年	年3.6％
		不動産等の価額以外に対応する税額	10年	年5.4％
	$\frac{1}{2}$以上$\frac{3}{4}$未満の場合	不動産等の価額に対応する税額	15年	年3.6％
		不動産等の価額以外に対応する税額	10年	年5.4％
	$\frac{1}{2}$未満の場合	立木の割合30％超の立木の価額に対応する税額	5年	年4.8％
		上記以外に対応する税額	5年	年6.0％

（注） 計画伐採立木、特別緑地保全地区等内の土地にかかる延納税額については、特殊なため省略しています。

　なお、つぎのような場合には、以下のとおり軽減されることになります。

　利子税の割合は、

　　　各分納期間の延納の「利子税特例基準割合」が7.3%に満たない場合、

$$(その利子税の割合) \times \frac{(利子税特例基準割合)}{7.3\%}$$

と、軽減されます。

　「利子税特例基準割合」とは、

　　　各年の前々年の9月から前年の8月までの各月における銀行の
　　　新規の短期貸出約定平均金利の合計を12で除して得た割合として
　　　各年の前年の11月30日までに財務大臣が告示する割合（「平均貸
　　　付割合」といいます。）に、年0.5%の割合を加算した割合

をいいます。

　（注）　令和4年1月1日から令和6年12月31日までの3年間の「利子税
　　　　特例基準割合」は、年0.9%、です。

　たとえば、「利子税特例基準割合」が、

　　　年0.9%

とすれば、利子税の割合は、それぞれつぎのように軽減されることになり
ます。

　　　年6.0%　——→　年0.7%

　　　年5.4%　——→　年0.6%

　　　年4.8%　——→　年0.5%

　　　年3.6%　——→　年0.4%

⑸　物納をすることができるのか

相続税は、原則として、

　　　現金で

　　　納期限までに全額

を納めなければなりません。

　納期限までに全額を納められなければ、延納という特例があります。

　さらに、現金で納められなければ、もう１つの特例として、**物納**というものがあります。

　これは、文字どおり、現金ではなくモノで、納期限までに全額納めるというものです。

　物納しようとするときには、納期限までに、**物納申請書を提出して、税務署の許可をうけなければなりません。**

　物納ができる財産は、相続財産のうち、

　　　①　国債、地方債

　　　②　不動産、船舶、上場されている株式・社債・証券投資信託等
　　　　　の受益証券等

　　　③　不動産のうち物納劣後財産に該当するもの

　　　④　上場されていない株式・社債・証券投資信託の受益証券、貸
　　　　　付信託の受益証券

　　　⑤　株式のうち物納劣後財産に該当するもの

　　　⑥　動産

　　　⑦　特定登録美術品

に限られています。

　さらに、物納できる順位は、

　　　第1順位　①と②と③

　　　第2順位　④と⑤（①と②と③に適当なものがない場合）

　　　第3順位　⑥（①から⑤までに適当なものがない場合）

となっています。

　ただし、⑦は物納に充てることができる財産の順位にかかわらず、物納を許可することができます。

　なお、物納する場合の価額は、実際の時価ではなく、相続税評価額によることになっています。

ま　と　め

　1　相続税の申告をしなければならない人は、納めなければならない相続税額がある人である。

　2　配偶者の税額控除の特例をうけるためには、たとえ、相続税額がゼロになっても申告しなければならない。

　3　相続税の申告期限は、亡くなった日の翌日から10ヶ月以内である。

　4　相続税の申告は、被相続人の住所地の所轄税務署にしなければならない。

　5　相続税の納期限は、申告期限内である。

　6　相続税は、現金で納めなければならない。

　7　相続税は、5年、10年、15年、20年の延納をすることができる。

　8　延納した場合には、年3.6%、年4.8%、年5.4%、年6.0%の、利子税がかかる。

　9　ただし、利子税が軽減されることがある。

　10　相続税は、税務署の許可をうけて、物納することができる。

8 新しい「個人事業者の事業用資産にかかる相続税の納税猶予制度」とはどんなものか

(1) 概　　要

・「認定相続人」が、

・平成31年1月1日から令和10年12月31日までの間に、

・相続等により「特定事業用資産」を取得し、事業を継続していく場合には、

・担保提供を条件に、

・その「認定相続人」が納付すべき相続税額のうち、相続等により取得した「特定事業用資産」の課税価格に対応する相続税の納税が猶予されます。

　　（注1）「認定相続人」とは、

　　　　　・「承継計画」に記載された後継者であって、『中小企業における経営の承継の円滑化に関する法律』の規定による認定を受けた者

　　　　をいいます。

　　（注2）「承継計画」とは、

　　　　　・認定経営革新等支援機関の指導および助言を受けて作成された特定事業用資産の承継前後の経営見通し等が記載された計画であって、平成31年4月1日から令和8年3月31日までの間に都道府県に提出されたもの

　　　　をいいます。

　　（注3）「特定事業用資産」とは、

　　　　　・被相続人の事業（不動産貸付事業等を除きます。）の用に供されていた

　　　　　・土地（面積400㎡までの部分に限ります。）

　　　　　・建物（床面積800㎡までの部分に限ります。）

　　　　・建物以外の減価償却資産（固定資産税、営業用として自動車税・軽自
　　　　　動車税の課税対象となっているもの、その他これらに準ずるものに限
　　　　　ります。）、乗用自動車（取得価額500万円以下の部分に対応する部分
　　　　　に限定。）で、
　　　　・青色申告書に添付される貸借対照表に計上されているもの
　　　をいいます。

(2) 猶予税額の計算

猶予税額の計算方法は、つぎのとおりとなります。

認定相続人以外の相続人等の課税価格の合計額	+	認定相続人が相続等により取得した特定事業用資産の課税価格（控除未済債務額を控除した残額）の合計額

① 課税価格の計算
　　（※）　控除未済債務額とは、つぎの算式で計算した金額（マイナスのとき
　　　は、ゼロ）となります。

$$\left(\begin{array}{l}\text{相続税法第13条の控除}\\\text{すべき認定相続人の負}\\\text{担する部分の金額}\end{array}\right) - \left(\begin{array}{l}\text{認定相続人の相続等による}\\\text{取得財産から特定事業用資}\\\text{産の価額を控除した残額}\end{array}\right)$$

② 認定相続人の猶予税額

　　①の課税価格により計算した認定相続人の相続税額

(3) 猶予税額の免除

① 全額免除

　　つぎの場合には、猶予税額の全額が免除されます。

　　⑦　認定相続人が、その死亡の時まで、特定事業用資産を保有し、事

業を継続した場合

㈡　認定相続人が、一定の身体障害等に該当した場合

㈢　認定相続人について破産手続開始の決定があった場合

㈣　相続税の申告期限から5年経過後に、つぎの後継者へ特定事業用資産を贈与し、その後継者が、「特定事業用資産について贈与税の納税猶予制度」の適用を受ける場合

　なお、㈢の場合には、過去5年間に認定相続人の青色事業専従者に支払われた給与等で必要経費として認められない額は、免除しないことになります。

②　一部免除

　つぎの場合には、「非上場株式等についての相続税の納税猶予制度の特例」に準じて、猶予税額の一部が免除されます。

㈠　同族関係者以外の者へ特定事業用資産を一括して譲渡する場合

㈡　民事再生計画の認可決定等があった場合

㈢　「経営環境の変化を示す一定の要件」を満たす場合において、特定事業用資産の一括譲渡または特定事業用資産にかかる事業の廃止をするとき

　(注)　「経営環境の変化を示す一定の要件」は、「非上場株式等についての相続税の納税猶予制度の特例」に準じた要件となります。

　なお、㈡の場合には、過去5年間に認定相続人の青色事業専従者に支払われた給与等で必要経費として認められない額は、免除しないことになります。

(4)　猶予税額の納付

①　認定相続人が、特定事業用資産にかかる事業を廃止した場合等には、猶予税額の全額を納付することになります。

②　認定相続人が、特定事業用資産の譲渡等をした場合には、その譲渡等をした部分に対応する猶予税額を納付することになります。

(5)　利子税の納付

上記(4)により、猶予税額の全部または一部を納付する場合には、その納付税額について、相続税の法定申告期限からの利子税（年3.6％）を併せて納付することになります。

上記の利子税は、利子税特例基準割合**(注)**が年7.3％に満たない場合には、つぎの算式で計算した割合となります。

〈算式〉

　　　3.6％×利子税特例基準割合**(注)**÷7.3％（0.1％未満切捨て）

　(注)　「利子税特例基準割合」とは、

　　　　・各年の前々年の9月から前年8月までの各月における銀行の新規の短期貸出約定平均金利の合計を12で除して得た割合として各年の前年の11月30日までに財務大臣が告示する割合（「平均貸付割合」といいます。）に、年0.5％の割合を加算した割合

　　となります。

　　ちなみに、令和4年1月1日から令和6年12月31日までの間の利子税特例基準割合は、年0.9％、となりますので、その間の利子税は、年0.4％、となります。

(6)　その他要件等

①　被相続人は相続開始前において、認定相続人は相続開始後において、それぞれ青色申告の承認を受けていなければなりません。

②　認定相続人は、相続税の申告期限から３年毎に継続届出書を税務署長に提出しなければなりません。

③　認定相続人が、相続税の申告期限から５年経過後に特定事業用資産を現物出資し、会社を設立した場合には、その認定相続人が、その会社の株式等を保有していることその他一定の要件を満たすときは、納税猶予を継続することができます。

④　この納税猶予の適用を受ける場合には、特定事業用宅地等について小規模宅地等についての相続税の課税価格の計算の特例の適用を受けることができません。

(7)　適用時期

　・平成31年１月１日以後に相続等により取得する財産にかかる相続税から

となります。

Ⅱ 贈 与 税

1　贈与税とはどんな税金か

(1)　贈与とはどのようなことか

　たとえば、父親が子供名義で預金して、贈与はすんだ、相続税の対策は
すんだ、と思っていらっしゃる方が、たくさんいます。

　しかし、イザ相続となった場合には、子供名義の預金が、はたして、本
当に子供の財産なのか、迷うところです。

　それは、子供自身が知らないうちに、子供名義で預金されているケース
が多いからです。

　このような場合には、子供名義の預金であっても、単に、子供の名義を
借りただけ、ということで、相続財産となります。

　これは、贈与、という法律的な行為が完了していないためです。

　法律的に贈与というのは、

　　　　あげましょう

　　　　ハイ、もらいます

という、この2つの意思があってはじめて成立するものです。

　したがって、

　　　　父親が、この預金をあげます

　　　　子供が、ハイ、もらいます

ということであれば、贈与は立派に成立することになります。

　いずれにしても、贈与をする場合に注意すべきことは、

　　　　あげましょう

　　　　ハイ、もらいます

という、2つの意思をハッキリとしておくために、**贈与契約書を必ず作っ**ておくことです。

⑵　贈与税はなぜかかるのか

　ある人が亡くなると、その人のもっていた財産に相続税がかかります。

　とすると、相続税をできるだけ少なくしようということで、生前に、どんどん、贈与をしてしまおうと考えます。

　この贈与に税金をかけないとすれば、誰もが生前に財産をすべて贈与してしまって、相続税がいつまでたってもとれない、ということになってしまいます。

　そこで、贈与税が登場したわけです。

　さらに、この贈与税は、相続税の税率よりも、高い税率になっています。

　生きているうちは贈与税、死んだら相続税、これが、財産が移るときの税金のしくみです。

　したがって、贈与税は、相続税の補完税である、といわれるのです。

　しかも、贈与税は、相続税法のなかに規定されています。

　贈与税法という法律はありません。

⑶　贈与税はどんなときにかかるのか

　贈与税は、AからBへ財産が、

　　　　タダで移ったとき

にかかります。

　AからBへ財産が、タダで移るケースとして、つぎの4つがあります。

 ① 個人 から 個人 へ

 ② 個人 から 会社 へ

 ③ 会社 から 個人 へ

 ④ 会社 から 会社 へ

 贈与税がかかるケースは、原則として、この４つのうち、①の

  個人から個人へ

のケースだけです。

 すなわち、ＡさんがＢさんにタダで財産をあげたときに、贈与税がかかるということです。

 ほかの３つのケースにおいては、原則として、贈与税がかかりません。

 このことは、しっかりと頭に入れておいて下さい。

財産がタダで移った場合の課税関係（原則）

贈　与　者	受　贈　者	課　税　関　係
個　　人	個　　人	贈　与　税
個　　人	法　　人	法　人　税
法　　人	個　　人	所　得　税
法　　人	法　　人	法　人　税

(4) 贈与税は誰にかかるのか

 たとえば、父親が子供へ現金を贈与した場合には、贈与税がかかります。

 現金を贈与した人（父親）を「贈与者」といいます。

 現金をもらった人（子供）を「受贈者」といいます。

 贈与税は、現金をもらった人（子供）にかかってきます。

　すなわち、贈与税は、

　　　　　タダで財産をもらった「個人」

にかかる税金です。

　もし、株式会社などの法人が、ある人からタダで財産をもらった場合、財産をもらった法人には、贈与税がかかりません。

　財産をもらった法人には、贈与税の代わりに、法人税がかかります。

　なお、同じ法人であっても、公益財団法人などの公益法人が、タダで財産をもらうケースもあります。

　この場合、公益法人には、贈与税も法人税もかかりません。

　これを利用して、自分の親族が役員となっている公益財団法人に、自分の財産を贈与しておこう、ということが考えられます。

　そうすれば、自分の財産を、贈与税を払わないで、自分の親族に代わる公益財団法人へ移すことができるからです。

　このようなことを防ぐために、贈与税を不当に安くしようという事実があれば、たとえ公益法人であっても、個人とみなして、もらった財産について贈与税がかかることになっています。

贈与税がかかるのは誰か？

個人から財産を もらった者	贈　与　税　が	
	か　か　る	かからない
個　　　　人	○	
法　　　　人		○
公　益　法　人	ただし、贈与税を不当に安くした場合には、　○	原則　○

(5)　どれくらいの贈与があると贈与税がかかるのか

たとえば、父親から子供が財産をタダでもらった場合には、子供に贈与税がかかります。

しかし、この場合であっても、子供に贈与税がかからないこともあります。

タダで財産をもらっても、贈与税がかからないこともある、ということです。

それは、もらった財産の金額によります。

もらった財産の金額が、

　　　110万円以下

であれば、贈与税はかかりません。

もちろん、申告もする必要はありません。

もし、もらった財産の金額が110万円を超えた場合には、超えた部分の金額について、贈与税がかかります。

すなわち、110万円は、

　　　贈与税の基礎控除額

です。

基礎控除額110万円は、

　　　　1月1日から12月31日までの

1年間にもらった財産の合計額からマイナスします。

したがって、1年間に、何人もの人から財産をもらった場合でも、その財産の合計額が、110万円以下であれば、贈与税はかからないことになります。

　その年１年間の基礎控除額は、

　　　　暦年にかかる基礎控除額

ということになります。

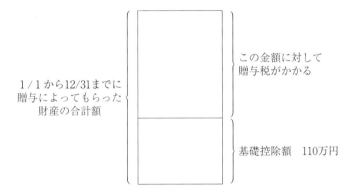

1/1から12/31までに
贈与によってもらった
財産の合計額

この金額に対して
贈与税がかかる

基礎控除額　110万円

　　ま　と　め

　1　贈与は、あげましょう、もらいます、の２つの意思がなければ
　　ならない。

　2　贈与税は、相続税の補完税である。

　3　贈与税がかかるケースは、個人から個人へ、財産がタダで移っ
　　たときである。

　4　贈与税は、財産をもらった人にかかる税金である。

　5　１年間（1/1～12/31）にもらった財産の合計額が、基礎控除
　　額以下であれば、贈与税はかからない。

　6　贈与税の暦年にかかる基礎控除額は、110万円である。

2　どんな財産に贈与税がかかるのか

(1)　本来の贈与財産とはどんなものか

贈与税は、贈与によってもらった「財産」にかかる税金です。

贈与税のかかる財産とは、

贈与契約によってもらった財産で、

金銭で見積もることのできるもの

をいいます。

贈与税のかかる財産のポイントは、まず、贈与契約によること、です。

あげましょう

ハイ、もらいます

という、法律的な贈与でなければなりません。

そして、金銭で見積もることのできる財産、です。

これは、相続税のところでお話しした、本来の相続財産とまったく同じ
ものです。

40ページをもう一度みて下さい。

これを、贈与税においては、

本来の贈与財産

といいます。

(2) みなし贈与財産とはどんなものか

　たとえば、子供が父親から、土地の贈与をうけた場合には、贈与をうけた土地は、本来の贈与財産として、贈与税がかかります。

　しかし、贈与によってもらった財産でなくても、実質的には、贈与によって財産をもらったものと同じ効果になる場合もあります。

　この場合には、課税の公平を図るため、贈与によってもらったものとみなして、贈与税をかけることにしています。

　これを、本来の贈与財産に対して、

みなし贈与財産

といいます。

　みなし贈与財産の主なものは、つぎのとおりです。

① 安く土地を買ったら贈与税がかかるのか

　たとえば、長男が父親から、時価（相続税評価額）1,000万円の土地を400万円で買った場合、これは売買ですから、ほんとうは、贈与税の問題がでてきません。

　しかし、このように、時価よりも安く土地を売買するケースは、よく親族間で行われます。

　ふつう、第三者との間で土地を売買する場合には、安く売ってあげよう、という考えはでてきません。

　むしろ、高く売りたいと考えます。

　親族間であればこそ、このようなことがでてきます。

　時価（相続税評価額）1,000万円の土地を400万円で買ったわけですから、600万円トクしたことになります。

　これを放っておくと、時価で売買した人との課税上の公平を欠くことになります。

　そこで、売買であっても、時価よりも安い売買があった場合には、

　　　　安く買った人に

　　　　安く買った部分について

　　　　贈与税をかける

ことになっています。

　これが、みなし贈与課税、です。

　したがって、長男については、時価（相続税評価額）1,000万円と買った金額400万円との差額600万円を、父親から贈与をうけたとみなされて、贈与税がかかります。

　この場合の時価というのは、一般的には、第三者との間で取引される、

　　　　時価

をいいます。

　しかし、贈与税を計算するときの評価は、相続税評価額によることになっています。

　しかし、このように時価よりも安い土地・建物の売買があった場合には、時価で評価をして贈与税を計算することになっています。

　すなわち、

　　　　すべての資産の贈与――相続税評価額で

　　　　土地・建物の安い売買――相続税評価額との差額で

贈与税を計算する、ということです。

　とくに、親族間などで土地・建物を売買するときには、ご注意下さい。

　もちろん、**借地権**についても同じことがいえます。

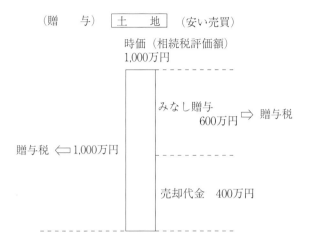

②　**負担付贈与をうけたら贈与税がかかるのか**

　　たとえば、長男が父親から、

　　　　　時価　1,000万円　　相続税評価額　400万円

　のマンションを、

　　　　　借入金　400万円

　をつけてもらうことがあります。

　　すなわち、借入金つきで資産の贈与をうける、ことがあります。

　　これが、**負担付贈与**、といわれるものです。

　　負担付贈与があった場合には、

　　　　　もらった人に

　　　　　もらった資産の金額－ひきついだ借入金の金額

　　　　　の差額について

　　　　　贈与税をかける

　ことになっています。

　もらった資産が不動産の場合には、もらった資産の金額は、

　　　　時価　1,000万円

で計算します。

　本来、贈与税を計算するときの評価は、**相続税評価額**によることに

なっています。

　しかし、このような不動産の**負担付贈与**があった場合には、**時価**で

評価をして贈与税を計算することになっています。

　すなわち、

　　　　負担付贈与以外の**贈与**―――――**相続税評価額**で

　　　　不動産の負担付贈与―――――**時価**で

　　　　不動産以外の負担付贈与――**相続税評価額**で

贈与税を計算する、ということです。

　したがって、長男については、

　　　　もらったマンションの金額（時価）1,000万円

　　　　ひきついだ借入金の金額　　　　　　400万円

　　　　　　差　　　引　　　　　　　　　600万円

差額600万円を、父親から贈与をうけたとみなされて、贈与税がかか

ります。

　　　　もらったマンションの金額（相続税評価額）400万円

　　　　ひきついだ借入金の金額　　　　　　400万円

　　　　　　差　　　引　　　　　　　　　　0

ではありません。

　ご注意下さい。

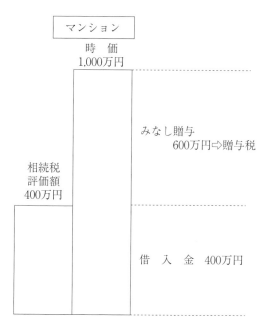

③ 債務免除をうけたら贈与税がかかるのか

　誰かからお金を借りたとします。

　これだけでは、単なるお金の貸し借りということで、贈与税の問題はでてきません。

　しかし、その借りたお金を返さなくていいことになった、という場合には、借りた方は返さなくていい分だけトクしたことになります。

　お金を借りたときに、その分だけ返さなくていい、すなわち、お金の贈与をうけたと同じ効果になります。

　そこで、借りたお金を返さなくていい、すなわち、債務免除をうけた場合には、贈与税がかかることになっています。

　これが、**みなし贈与課税**、です。

④　**生命保険金をもらったら贈与税がかかるのか**

たとえば、

被　保　険　者　　夫

保険料支払人　　夫

保険金受取人　　妻

という生命保険契約をしていたところ、不幸にして、夫が亡くなって、妻が生命保険金をもらった場合には、妻のもらった生命保険金は、みなし相続財産となって、相続税がかかります。

このことは、すでに、相続税のところでお話ししました。

ところで、このような生命保険で、死亡保険金ではなく、満期保険金を妻がもらった場合には、どうなるでしょうか。

満期保険金は、夫がまだ亡くなっていませんから、みなし相続財産とはなりません。

満期保険金は、夫が、長い間、保険料を支払っていたからこそ、保険会社から妻に支払われるものです。

したがって、夫から妻への贈与と実質的に何ら変わるところがありません。

そこで、このような満期保険金については、妻に贈与税がかかることになっています。

これが、**みなし贈与課税**、です。

また、つぎのような場合にも、みなし贈与として、子供に贈与税がかかります。

被　保　険　者　　母親

保険料支払人　　父親

保険金受取人　　子供

　このような生命保険契約で、母親が亡くなった場合に、子供がもらった保険金は、死亡保険金ですが、保険料を支払っていたのは父親です。

　父親は、まだ生存しています。

　したがって、父親から子供への贈与、いわゆる、みなし贈与、となります。

　ちなみに、

　　　　　被 保 険 者　　　夫
　　　　　保険料支払人　　　夫
　　　　　保険金受取人　　　夫

の保険契約で、満期保険金を夫がもらった場合には、相続税や贈与税の問題ではありません。

　自分で支払っていた保険料によって、自分が保険金をもらった、ということですから、これは、所得税の問題になります。

　すなわち、夫のもらった満期保険金には、所得税がかかってきます。

保険金の課税関係

保険料支払人	被 保 険 者	保険金受取人	保険の種類	税金の種類
夫	夫	妻	死亡保険金	相続税
夫	夫	妻	満期保険金	贈与税
父親	母親	子供	死亡保険金	贈与税
夫	夫	夫	満期保険金	所得税

（注）　保険金受取人が、保険料支払人からもらった保険金としてかかる税金です。

⑤ 同族会社が変則増資をすると贈与税がかかるのか

会社が増資をする場合、株主がもっている株式数に応じて、株式を割り当てるのが一般的です。

たとえば、5割増資をするときの株主の持株数を

株主A　　80株　（80％）

株主B　　20株　（20％）

〔計〕　〔100株〕（100％）

とすれば、株式の割当ては、

株主A　　40株

株主B　　10株

〔計〕　〔50株〕

となり、増資後の持株数は、

株主A　　120株　（80％）

株主B　　30株　（20％）

〔計〕　〔150株〕（100％）

となります。

このように、増資前の株主の持株割合と、増資後の株主の持株割合が、まったく変わらない増資を、

株主割当て増資

といいます。

一方、増資前と増資後の株主の持株割合が変わる増資を、

第三者割当て増資

といいます。

たとえば、つぎのような場合が、これにあたります。

株主	増 資 前	割当て	増 資 後
A	80株（ 80%）	－株	80株（ 53%）
B	20 （ 20 ）	50	70 （ 47 ）
計	100 （100 ）	50	150 （100 ）

株主	増 資 前	割当て	増 資 後
A	80株（ 80%）	－株	80株（ 53%）
B	20 （ 20 ）	－	20 （ 13 ）
C	－ （ － ）	50	50 （ 33 ）
計	100 （100 ）	50	150 （100 ）

（注） 持株割合がいずれも変わっている。

　株主割当ての増資をする場合には、

　　　　当初払込価額（会社を設立するときの払込価額）

で割り当てます。

　しかし、第三者割当ての増資をする場合には、当初払込価額、というわけにはいきません。

　　　　時価

で割り当てなければなりません。

　そうしないと、割当てをうけなかった増資前の株主に、不利益を生ずることになるため、当然のことです。

　しかし、一般の会社では考えられないことですが、同族会社のように、株主が社長だけとか、社長とその親族だけという場合には、当初払込価額で、親族に第三者割当てをすることも可能です。

たとえば、

　　　　株主　社長　　1株（便宜的に1株にしてあります）

　　　当初払込価額　　500円

　　　株価（時価）　　1,500円

の会社が、息子に、500円で1株を割り当てて増資した場合、です。

　この場合、増資前における社長の持株の評価額は、

　　　1,500円（1,500円×1株）

です。

　それが、増資後になると、社長の持株の評価額は、

$$
1,000円
\left\{
\begin{array}{l}
\left(
\dfrac{\overset{増資前の}{株\ \ 価} + \overset{払\ \ 込}{金\ \ 額}}{\underset{増資前の}{株\ \ 数} + \underset{増\ \ 資}{株\ \ 数}}
= \begin{array}{l}1株の株価\\1,000円\end{array}
\right) \\
1,000円×1株＝1,000円
\end{array}
\right\}
$$

となります。

　すなわち、

　　　増資前の持株評価額　　1,500円

　　　増資後の持株評価額　　1,000円

と、500円だけ株価が、何もしないのに減ってしまいます。

　一方、息子は、増資後の株価1,000円に対して、払い込んだ金額は500円ですから、その差額500円をトクしたことになります。

　ということは、社長の株価が減った分500円は、増資という形で、息子へ移ったことになります。

　これをこのまま放っておくと、課税の公平を図ることができません。

　そこで、このような変則増資をした場合には、**みなし贈与**として、

この500円について、贈与税がかかることになっています。

同族会社が、増資をする場合には、時価でしなければなりません。

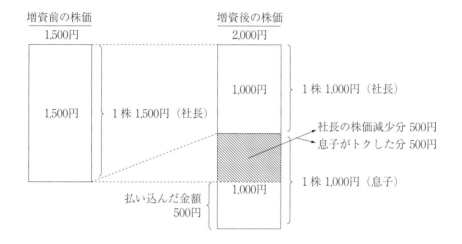

<table>
<tr><td>

ま と め

1　贈与税がかかる財産には、本来の贈与財産・みなし贈与財産の2つがある。

2　本来の贈与財産は、贈与契約によってもらった財産である。

3　土地を安く買ったら、安く買った部分にみなし贈与税がかかる。

4　時価よりも安く不動産の負担付贈与をうけたら、安い部分にみなし贈与税がかかる。

5　債務免除をうけたら、債務免除をうけた金額にみなし贈与税がかかる。

6　保険金をもらったら、その保険金にみなし贈与税がかかる。

7　同族会社が変則増資をすると、みなし贈与税がかかる。

</td></tr>
</table>

3　どんな財産には贈与税がかからないのか

(1)　会社からもらった財産には贈与税がかからないのか

贈与税は、あくまで、

　　　　個人から個人へ

　　　　財産が移った

場合にかかります。

　したがって、会社から個人が財産をもらった場合には、

　　　　法人から個人へ

ですから、贈与税はかかりません。

　会社からもらった財産には、贈与税ではなく、所得税がかかる
ことになっています。

(2)　生活費や教育費としてもらった財産には贈与税がかからないのか

　妻が夫から生活費をもらった場合、子供が親から教育費をもらった場合、
いずれの場合にも、贈与税はかかりません。

　夫と妻との間、親と子供との間には、それぞれ、扶養義務があるわけで
すから当然のことです。

　しかし、生活費や教育費であれば、いくらでもよいというわけではあり
ません。

　　　　生活費や教育費として

　　　　通常必要なもの

という制限があります。

　もし、この制限がないとすれば、生活費という名目で、必要以上のものをあげることが考えられます。

　そこで、生活費や教育費としてもらったものであっても、通常必要なものを超えてもらった場合には、その超えた部分については、贈与税がかかることになっています。

　すなわち、生活費や教育費としてもらった財産については、

　　　　通常必要なもの　　　　　　　　　贈与税がかからない

　　　　通常必要なものを超える部分　　　贈与税がかかる

ということになります。

(3)　贈答品をもらっても贈与税がかからないのか

　お中元やお歳暮、結婚式のお祝金、出産のお祝金、病気のお見舞、香典など、このようなものをもらった場合には、厳密にいえば、贈与ですから、贈与税がかかります。

　しかし、これらのものは、社交上必要なものです。

　こういうものまで贈与税、というのでは、国民感情からみても適当ではありません。

　そこで、もらったものが、社交上必要なもので、社会的にみて相当であるものについては、贈与税がかからないことになっています。

(4)　相続があった年に被相続人からもらった財産には贈与税がかからないのか

　相続税のところでお話しした、生前3年以内（※）にもらった財産の取扱いを思い出して下さい。

　相続や遺贈によって財産をもらった人が、被相続人から

　　　その相続があった年に、

　　　贈与によってもらった財産がある

場合には、その贈与によってもらった財産については、

　　　生前３年以内（※）の贈与として

相続税がかかりました。

　（※）　令和13年１月１日以後の相続等から、７年以内。

　また、この財産については、生前に贈与によってもらったものですから、本来であれば、贈与税がかかることになります。

　しかし、

　　　相続があった年に

　　　被相続人からもらった財産

については、贈与税をかけないことになっています。

　これは、同じ財産について、相続税と贈与税はダブルでかけない、ということです。

　たとえば、今年の１月26日に、父親から長男へ土地の贈与があって、その後、父親が６月10日に亡くなったとします。

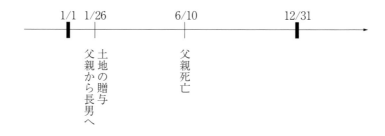

　この場合、1月26日に贈与をうけた土地については、贈与税がかかりません。

　その代わりに、相続税がかかります。

まとめ

　1　会社からもらった財産には、贈与税がかからない。

　2　生活費や教育費としてもらった財産で、通常必要なものには、贈与税がかからない。

　3　もらったお中元やお歳暮、香典など、社交上必要なものには、贈与税がかからない。

　4　相続があった年に、被相続人からもらった財産には、贈与税がかからない。

4 贈与税はどのようにして計算するのか

(1) 贈与税の計算のしくみはどうなっているのか

贈与税の計算は、相続税の計算よりも、カンタンです。

贈与税は、つぎのような段階をふんで計算します。

　　　　第1段階　　課税価格の計算
　　　　第2段階　　贈与税額の計算

(2) 課税価格の計算はどのようにするのか

まずは、第1段階の課税価格の計算です。

課税価格というのは、

　　　　贈与税がかかる金額

をいいます。

課税価格は、贈与によってもらった人ごとに、

　　　　1月1日から12月31日までの1年間に、

　　　　贈与によってもらった財産を合計して、

計算します。

ここで注意しなければならないのは、1年間に贈与によってもらった財産を合計しなければならない、ということです。

たとえば、1年間に、父親から土地をもらい、母親から現金をもらった場合には、土地と現金を合計しなければならない、ということです。

課税価格は、具体的には、つぎのように計算します。

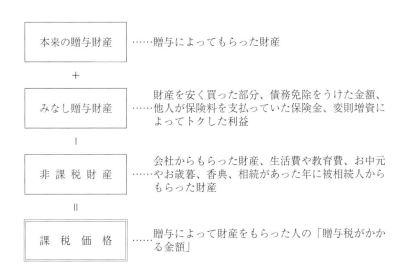

| 本来の贈与財産 | ……贈与によってもらった財産 |

＋

| みなし贈与財産 | ……財産を安く買った部分、債務免除をうけた金額、他人が保険料を支払っていた保険金、変則増資によってトクした利益 |

－

| 非 課 税 財 産 | ……会社からもらった財産、生活費や教育費、お中元やお歳暮、香典、相続があった年に被相続人からもらった財産 |

＝

| 課 税 価 格 | ……贈与によって財産をもらった人の「贈与税がかかる金額」 |

　土地、建物、株式などについては、贈与によってもらったときの、**相続税評価額**で課税価格を計算します。

(3)　贈与税の計算はどのようにするのか

第2段階は、贈与税額の計算です。

まず、課税価格から基礎控除額をマイナスします。

基礎控除額は、前にお話ししたように、

　　　　1年間110万円

です。

　そして、基礎控除額をマイナスした残額に、一定の税率をかけて、贈与税額を計算します。

　この計算による贈与税額が、納めなければならない贈与税額となります。

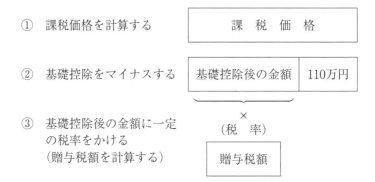

　たとえば、18歳以上の者が直系尊属から贈与を受けた場合、課税価格を1,000万円とすれば、基礎控除後の金額は、

　　　　1,000万円－110万円＝890万円

となります。

　これに、133ページの贈与税の速算表をみて、その金額に応じた一定の税率をかけて、贈与税額を計算します。

　速算表の、600万円超1,000万円以下の欄のところの、30％をかけて90万円をマイナスして計算します。

　　　890万円×30％－90万円＝177万円

　納めなければならない贈与税額は、

　　　177万円

となります。

贈 与 税 の 速 算 表

① 　18歳以上の者が直系尊属から贈与を受けた場合（特例税率）

基礎控除後の金額		税　率	控　除　額
	200万円以下	10%	－
200万円超	400万円以下	15%	10万円
400万円超	600万円以下	20%	30万円
600万円超	1,000万円以下	30%	90万円
1,000万円超	1,500万円以下	40%	190万円
1,500万円超	3,000万円以下	45%	265万円
3,000万円超	4,500万円以下	50%	415万円
4,500万円超		55%	640万円

② ①以外の贈与を受けた場合（一般税率）

基礎控除後の金額	税　率	控　除　額
200万円以下	10%	－
200万円超　　300万円以下	15%	10万円
300万円超　　400万円以下	20%	25万円
400万円超　　600万円以下	30%	65万円
600万円超　1,000万円以下	40%	125万円
1,000万円超　1,500万円以下	45%	175万円
1,500万円超　3,000万円以下	50%	250万円
3,000万円超	55%	400万円

⑷　配偶者から居住用財産の贈与をどれくらいまでできるのか

　夫から妻へ、妻から夫へ、すなわち、配偶者の間で財産が移った場合に、相続税では税額を大幅に安くする特例がありました。

　贈与税の方でも、配偶者の老後の生活を保障するために、税額を安くする特例があります。

　これが、**贈与税の配偶者控除**、といわれるものです。

　この配偶者控除は、一定の要件にあった贈与について、基礎控除とは別ワクで、

　　　　　最高2,000万円

を、課税価格からマイナスするものです。

　すなわち、配偶者控除がある場合には、

　　　　基礎控除　　　　110万円

　　　　配偶者控除　　　2,000万円

と、トータルで、2,110万円の控除ができる、ということです。

配偶者控除ができる一定の要件とは、つぎのとおりです。

①　贈与があったときに、**婚姻期間が20年以上であること**

　　もちろん、戸籍に入っている期間で計算します。

②　**居住用の土地や建物の贈与であること、**

　または、居住用の土地や建物を買うためのおカネの贈与であること

　　すなわち、居住用の土地や建物そのものの贈与、居住用の土地や建物を買うためのおカネの贈与、そのどちらでもよい、ということです。

　　では、土地や建物とおカネと、どちらの方が有利でしょうか。

　　それは、断然、

　　　　　　土地や建物

をもらった方が、一般的に有利です。

　　おカネ2,000万円をもらって、それで土地や建物を買った場合には、その土地や建物を相続税評価額で計算すると、だいたい、2,000万円より低くなります。

　　おそらく、2,000万円で買ったものは、相続税評価額で、2,000万円以下になるでしょう。

　　土地や建物をもらった場合には、相続税評価額で、贈与税を計算します。

　　ということは、2,000万円の相続税評価額のものを、第三者から買う場合には、2,000万円を超える、ということになります。

　　したがって、おカネをもらうよりも、土地や建物をもらった方が有利となります。

　　たとえば、相続税評価額で2億円の居住用の土地があるとします。

　　この土地を贈与する場合には、土地を10分の1に分筆する必要はありません。

　　10分の１の持分を贈与すれば OK です。

③　もらった土地や建物に、もらった年の翌年３月15日まで実際に住む
　こと、

　　または、もらった年の翌年３月15日までに、もらったおカネで土地
　や建物を買って、そこに実際に住むこと

④　翌年の３月15日までに住んで、その後もずっとそこに住む予定であ
　ること

⑤　過去に贈与税の配偶者控除をうけていないこと

　　すなわち、この特例を利用できるのは、**一生に１度だけ**、というこ
　とです。

⑥　この特例をうけるためには、一定の書類をつけて必ず申告すること

　　たとえば、もらった居住用の土地や建物の相続税評価額が、2,000
　万円とすると、配偶者控除をすれば、ゼロになります。

　　ゼロになっても、**必ず申告しなければならない**、ということです。

以上の要件を満たして、はじめてこの特例がうけられます。

贈与税の配偶者控除の要件

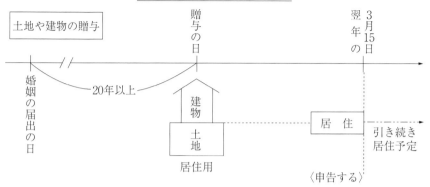

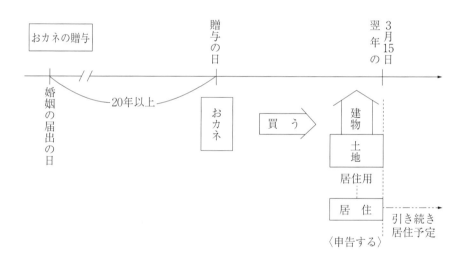

たとえば、婚姻期間20年以上の夫が、

居住用の土地（相続税評価額）　　1,800万円

預金　　　　　　　　　　　　　300万円

を、妻に贈与したとします。

この場合、贈与税の計算は、

　　イ　課　税　価　格　2,100万円（1,800万円＋300万円）

　　ロ　配　偶　者　控　除　2,000万円

　　ハ　基　礎　控　除　110万円

　　ニ　基礎控除後の金額　　　0

とはなりません。

配偶者控除としてマイナスできる金額は、

2,000万円

と

居住用の財産の金額

と、いずれか少ない方の金額、です。

ということは、

　　イ　課　税　価　格　2,100万円

　　ロ　配　偶　者　控　除　1,800万円　（2,000万円と1,800万円といずれか少ない方の金額）

　　ハ　基　礎　控　除　110万円

　　ニ　基礎控除後の金額　　190万円

190万円について、贈与税がかかることになります。

　たとえば、

　　　　居住用の土地（相続税評価額）　2,110万円

贈与の場合には、

　　　㋑　課　税　価　格　2,110万円

　　　㋺　配　偶　者　控　除　2,000万円

　　　㋩　基　礎　控　除　　110万円

　　　㈡　基礎控除後の金額　　　　0

となります。

　すなわち、贈与税の配偶者控除をフルに利用するためには、

　　　　2,110万円の居住用の土地や建物

を贈与することです。

　ところで、この配偶者控除は、贈与税が安くなるばかりでなく、もう1つメリットがあります。

　それは、たとえ、**居住用財産の贈与が、生前3（7）年以内の贈与であっても、その居住用財産については、相続税がかからない**、ということです。

　　（※）　カッコ書きは、令和13年1月1日以後の相続等から。

　前にお話ししたように、生前3年以内の被相続人からの贈与は、相続税を計算するうえで、相続財産に加えることになっています。

　しかし、配偶者控除をうけた居住用財産の贈与については、相続財産に加えない、相続税はかからない、ということです。

贈与税の配偶者控除のしくみ

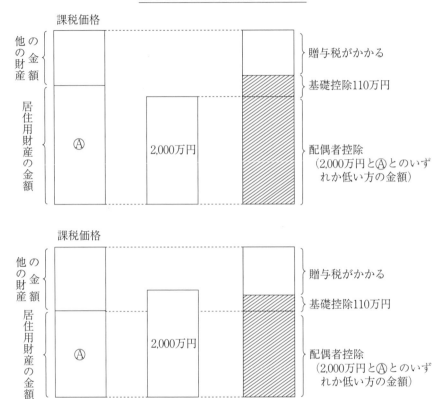

(5)　相続時精算課税制度とはどんなものか

　贈与をする場合、相続税と贈与税を一体として精算する「相続時精算課税制度」が選択できます。

　具体的には、つぎのような制度です。

　　　・贈与時　　贈与により取得した財産に対する相続時精算課税にかかる贈与税額を支払う。

　　　・相続時　　その贈与により取得した財産の価額と相続等により取得した財産の価額とを合計した価額を課税価格として計算した相続税額から、既に支払った相続時精算課税にかかる贈与税額を控除した額をもって、その納付すべき相続税額とする。

　この制度の適用対象者は、

　　　・贈与者　　その年の1月1日において60歳以上の者

　　　・受贈者　　その年の1月1日において18歳以上の贈与者の子

　　　　　　　　　（養子を含む）、孫、事業承継税制の特例後継者

となります。

　（例1）

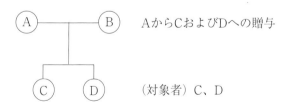

（例2）

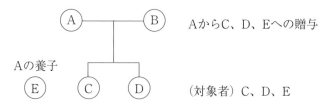

AからC、D、Eへの贈与

（対象者）C、D、E

　なお、Eがその年の中途において養子となった場合には、養子となる前に、Aからの贈与により取得した財産については、この制度の適用をうけることができません。

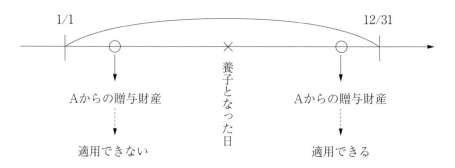

（例3）

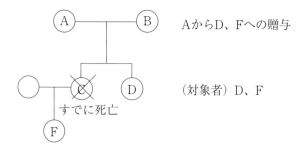

AからD、Fへの贈与

（対象者）D、F

　この制度を選択しようとする受贈者は、

　　　その選択にかかる贈与を受けた年の

　　　翌年2月1日から3月15日までの間に

　その旨を記載した「届出書」を所轄税務署長に提出しなければなりません。

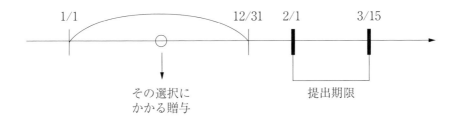

その選択に
かかる贈与

提出期限

　この制度の選択は、受贈者が、それぞれ

　　　贈与者ごとに

行うことができます。

　たとえば、父と母から財産の贈与を受けた場合には、父からの贈与により取得した財産についてはこの制度を選択し、母からの贈与により取得した財産についてはこの制度を選択しない、ということができます。

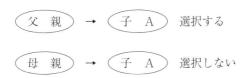

　この届出書の提出期限前に、相続時精算課税適用者（この制度にかかる受贈者）が死亡した場合には、

　　　その適用者の相続人が

　　　相続開始があったことを知った日の翌日から10ヶ月以内に

　　　この届出書をその適用者の納税地の所轄税務署長に

　　　提出することができる

ことになっています。

　この制度を選択した場合には、贈与税額は、

　　　　特定贈与者ごとに

それぞれ計算することになります。

・贈与税の課税価格

　　選択した年以後の各年において、

　　　　特定贈与者（この制度にかかる贈与者）ごとに

　　　　贈与により取得した財産の価額の合計額

となります。

・贈与税額

$$\left(\boxed{\begin{array}{l}\text{特定贈与者}\\\text{ごとの課税}\\\text{価格}\end{array}} - \boxed{\begin{array}{l}\text{相続時精算課税}\\\text{にかかる基礎控}\\\text{除額}\end{array}} - \boxed{\text{特別控除額}} \right) \times 20\%$$

　「相続時精算課税にかかる基礎控除額」は、令和6年1月1日以降の贈与から適用されます。

　その金額は、暦年課税にかかる基礎控除額（110万円）とは別枠で、110万円となります。

　なお、特定贈与者が複数いる場合、110万円を特定贈与者ごとの贈与税の課税価格で按分計算することになります。

　「特別控除額」は、特定贈与者ごとに、複数年合計で、2,500万円となります。

　したがって、すでに前年以前に特別控除を適用した金額がある場合には、2,500万円からその適用した金額を控除した残額が、限度となります。

　特別控除額は、相続時精算課税にかかる基礎控除額を控除した後の課税価格で計算することになります。

　ということは、令和6年1月1日以後の贈与から、相続時精算課税にかかる基礎控除額分だけ特別控除できる金額が増えたことになります。

　なお、この特別控除は、期限内申告書に所定の事項の記載がある場合に限り、適用されます。

・父親からの令和6年の贈与分の贈与税額

　(3,000万円－66万円（注1）－2,500万円)×20%＝86.8万円

　　（注1）　つぎの算式により計算します。

　　　　　〈算式〉

$$\left(110万円 \times \frac{3,000万円}{3,000万円+2,000万円}\right)=66万円$$

・母親からの令和6年の贈与分の贈与税額

　(2,000万円－44万円（注2）－1,956万円（注3）)×20%＝0円

　　（注2）　つぎの算式により計算します。

　　　　　〈算式〉

$$\left(110万円 \times \frac{2,000万円}{3,000万円+2,000万円}\right)=44万円$$

　　　（注3）　つぎの⑦または⑩の金額のうち、いずれか低い金額です。
　　　　　　⑦　2,500万円
　　　　　　⑩　相続時精算課税にかかる基礎控除後の課税価格
　　　　　　　　（2,000万円－44万円）＝1,956万円

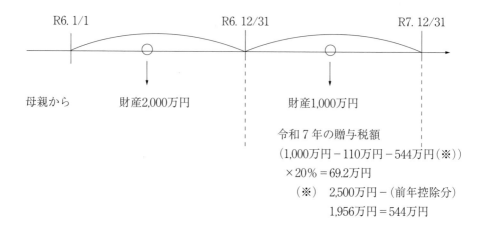

母親から　　　　　財産2,000万円　　　　　　　財産1,000万円

　　　　　　　　　　　　　　　　　　令和7年の贈与税額
　　　　　　　　　　　　　　　　　　（1,000万円－110万円－544万円（※））
　　　　　　　　　　　　　　　　　　×20％＝69.2万円
　　　　　　　　　　　　　　　　　　（※）　2,500万円－（前年控除分）
　　　　　　　　　　　　　　　　　　　　　1,956万円＝544万円

　　この制度の適用をうけた者が、特定贈与者から相続等により財産を取得
した場合、その課税価格は、
　　　・適用者の課税価格＝この制度にかかる受贈財産の価額
　　　　　　　　　　　　　＋相続等による取得財産の価額
　　　　　　　　　　　　　＋生前3（7）年以内贈与の財産の価額
　　　・適用者以外の者の課税価格＝相続等による取得財産の価額
　　　　　　　　　　　　　　　　　＋生前3（7）年以内贈与財産の価額
で計算することになります。
　　（※）　カッコ書きは、令和13年1月1日以後の相続等から。
　　この課税価格をもとに各人の相続税額を計算して、この制度の適用者の
納付相続税額は、

その者の相続税額 － この制度にかかる贈与税額

となります。

その際、相続税額から控除しきれない場合には、贈与税の還付を受けることができます。

また、相続財産と合算する贈与財産の価額は、贈与税の課税価格に算入される価額、となります。

なお、特定贈与者の死亡にかかる相続税の課税価格に加算されるその特定贈与者から贈与によりもらった財産の価額は、相続時精算課税にかかる基礎控除を控除した後の残額となります。

この制度の適用をうけた者が、特定贈与者から相続等により財産を取得しなかった場合でも、

　　　この制度にかかる贈与により取得した財産を

　　　相続等により財産を取得したものとみなして、

相続税額の計算をすることになります。

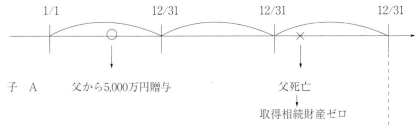

<table>
<tr><td>1/1</td><td>12/31</td><td>12/31</td><td>12/31</td></tr>
</table>

子　A　　　父から5,000万円贈与　　　　　　　父死亡

取得相続財産ゼロ

この場合であっても、5,000万円（※）を相続によって取得したものとみなして相続税額の計算をします。

（※）　令和6年1月1日以後の贈与財産については、相続時精算課税にかかる基礎控除額を控除した残額となります。

　特定贈与者の死亡以前に、その特定贈与者にかかる相続時精算課税の適用者が死亡した場合には、

　　　　相続時精算課税適用者の相続人は、

　　　　この適用にかかる納税の権利または義務を承継する

ことになります。

　ただし、この相続人のなかに

　　　　その特定贈与者

がいる場合には、その特定贈与者は、その納税の権利または義務を承継しないことになります。

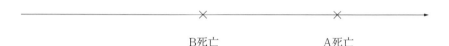

　　　　　　　　　　　B死亡　　　　　　　　A死亡

　A：特定贈与者
　B：相続時精算課税適用者

（例１）　Bの相続人が妻C、子D、Eの場合

　　　　C、D、Eは納税の権利または義務を承継する。

（例２）　Bの相続人が妻C、父Aの場合

　　　　Cは納税の権利または義務を承継する。Aは承継しない。

　相続時精算課税制度の適用を受けている者が、特定贈与者から贈与によりもらった一定の土地または建物が、贈与の日から特定贈与者の死亡にかかる相続税の申告期限までの間に、令和6年1月1日以後の災害によって一定の被害を受けた場合には、相続税の課税価格に加算されるその土地または建物の価額は、

　　　贈与時の価額から災害により被害を受けた部分の額を控除した残
　　　額

となります。

(6)　住宅取得等資金にかかる相続時精算課税制度とはどんなものか

　住宅を取得するための資金をもらったときは、「住宅取得等資金にかかる相続時精算課税制度」が、利用できます。

項　目	内　容
対象期間	・平成15年1月1日から令和8年12月31日までの間
対象者	・贈与により住宅取得等資金をもらった「一定の受贈者」が、つぎのいずれかに該当すること 　㋑　住宅取得資金をもらった年の翌年3月15日までに、もらった資金全額で国内にある「一定の家屋等」を取得等して、その家屋を3月15日までに居住の用に供したとき、または、供することが確実と見込まれるとき 　㋺　増改築のための資金をもらった年の翌年3月15日までに、もらった資金全額で国内にある家屋を「一定の増改築」をして、その家屋を3月15日までに居住の用に供したとき、または、供することが確実であると見込まれるとき
一定の受贈者	・つぎの要件を満たす者 　㋑　住宅取得等資金の贈与者の子（養子を含む）または孫

	㋺　贈与をうけた年の1月1日において18歳以上の者であること
一定の家屋等	①　新築または建築後使用されたことのない住宅用家屋 　㋑　家屋の床面積の2分の1以上が専ら住居の用に供されるもの 　㋺　床面積が40㎡以上であるもの ②　中古住宅（建築後使用されたことのある住宅用家屋） 　㋑　家屋の床面積の2分の1以上が専ら住居の用に供されるもの 　㋺　床面積が40㎡以上であるもの 　㋩　つぎのいずれかに該当するもの 　　Ⓐ　「地震に対する安全性に係る基準」に該当するもの 　　Ⓑ　取得期限までに、耐震改修により耐震基準に適合することとなったもの 　　Ⓒ　「新耐震基準」に適合しているもの（登記簿上の建築日付が昭和57年1月1日以降の家屋は、この基準に適合しているものとみなす。）
一定の増改築	①　自己が所有し、居住の用に供している家屋 ②　工事費用が100万円以上であるもの（居住用部分の工事費用が全体の工事費用の2分の1以上であること） ③　増改築後の家屋の床面積の2分の1以上が専ら居住の用に供されるもの ④　増改築後の床面積が40㎡以上であるもの ⑤　増改築等の要件 　・増築、改築、大規模の修繕または大規模の模様替、ほか
特 別 控 除 額	・相続時精算課税の選択をした場合には、課税価格から特別控除額2,500万円が控除される。

(7) 住宅取得等資金の贈与税非課税の特例とはどんなものか

　住宅を取得するための資金を父母等からもらったときは、「直系尊属からの住宅取得等資金の贈与税非課税の特例」が、利用できます。

項　　目	内　　　　容
対 象 期 間	・平成27年1月1日から令和8年12月31日までの間
対 象 者	・直系尊属から贈与により住宅取得等資金をもらった「一定の受贈者」が、つぎのいずれかに該当すること 　㋑　住宅取得資金をもらった年の翌年3月15日までに、もらった資金全額で国内にある「一定の家屋等」を取得等して、その家屋を3月15日までに居住の用に供したとき、または、供することが確実と見込まれるとき 　㋺　増改築のための資金をもらった年の翌年3月15日までに、もらった資金全額で国内にある家屋を「一定の増改築」をして、その家屋を3月15日までに居住の用に供したとき、または、供することが確実であると見込まれるとき
一定の受贈者	・贈与をうけた年の1月1日において18歳以上の者であること ・その年の合計所得金額が2,000万円（住宅用家屋の床面積が50㎡未満の場合、1,000万円）以下である者
一定の家屋等	①　新築または建築後使用されたことのない住宅用家屋 　㋑　家屋の床面積の2分の1以上が専ら住居の用に供されるもの 　㋺　床面積が40㎡以上240㎡以下であること ②　中古住宅（建築後使用されたことのある住宅用家屋） 　㋑　家屋の床面積の2分の1以上が専ら住居の用に供されるもの 　㋺　床面積が40㎡以上240㎡以下であること 　㋩　つぎのいずれかに該当するもの 　　Ⓐ　「地震に対する安全性に係る基準」に該当するもの 　　Ⓑ　取得期限までに、耐震改修により耐震基準に適合する

	・こととなったもの ⓒ 「新耐震基準」に適合しているもの（登記簿上の建築日付が昭和57年1月1日以降の家屋は、この基準に適合しているものとみなす。）
一定の増改築	① 自己が所有し、居住の用に供している家屋 ② 工事費用が100万円以上であるもの（居住用部分の工事費用が全体の工事費用の2分の1以上であること） ③ 増改築後の家屋の床面積の2分の1以上が専ら居住の用に供されるもの ④ 増改築後の床面積が40㎡以上であるもの 　ただし、240㎡以下に限る（東日本大震災の被災者を除く） ⑤ 増改築等の要件 　・増築、改築、大規模の修繕または大規模の模様替、ほか
非課税限度額	・この特例を適用した場合には、課税価格から控除される非課税限度額は、つぎのようになる。 　　令和4年1月1日以後の贈与の場合　　　　（単位：万円） **省エネ等住宅用家屋 / 左記以外の住宅用家屋** 1,000 (1,500) / 500 (1,000) ※（　）書きは、「東日本大震災の被災者」の限度額である。 ※「東日本大震災の被災者」とは、東日本大震災により住宅用家屋が滅失等した者、その住宅用家屋が原発警戒区域内に所在する者をいう。 ※省エネ等住宅用家屋は、省エネルギー性・耐震性を備えたもの、高齢者等に配慮したものをいう。 ・基礎控除額110万円は、この特例とは別枠で適用される。

令和4年1月1日以後の贈与の場合　　　　（単位：万円）

省エネ等住宅用家屋	左記以外の住宅用家屋
1,000 (1,500)	500 (1,000)

(8)　教育資金一括贈与の贈与税非課税の特例とはどんなものか

教育資金の贈与があったときは、「教育資金一括贈与の贈与税非課税の特例」が利用できます。

項　　　目	内　　　　　容
概　　　　要	・直系尊属（父母・祖父母）が、30歳未満の子・孫の教育資金に充てるために、金融機関に信託等した場合には、受贈者1人につき1,500万円（学校等以外の者に支払われる金銭については、500万円）まで、贈与税が非課税となる。
受 贈 者 の 所 得 要 件	・前年の合計所得金額が、1,000万円以下の者に限る。
対 象 期 間	・平成25年4月1日から令和8年3月31日までの間に拠出されるもの
教 育 資 金	①「学校等」に対して**直接**支払われるつぎのような金銭 　㋑入学金、授業料、入園料、保育料、施設設備費または入学（園）試験の検定料など 　㋺学用品費、修学旅行費、学校給食費、通学定期券代、留学渡航費など、教育に伴って必要な費用など ②「学校等」以外のもの（物品販売店など）に支払われる「①の㋺」に充てるための金銭であって、「学校等」が必要と認めたもの ③「学習塾等」に対して**直接**支払われる金銭で、社会通念上相当と認められるもの 　㋑「学習塾等」の教育活動の指導の対価（月謝、謝礼、入学金など）として支払う費用、施設使用料 　㋺「学習塾等」の活動で使用する物品の費用。ただし、指導を行う者を通じて購入するもの（＝指導を行う者の名で領収書がでるもの）に限る。

学　校　等	・学校教育法上の幼稚園、小・中学校、高等学校、大学（院）、専修学校、各種学校 ・外国の教育施設 ・認定こども園または保育所など
学　習　塾　等	・学習塾、家庭教師、そろばん塾など ・スイミングスクール、野球チームでの指導など ・ピアノの個人指導、絵画教室、バレエ教室など ・習字、茶道など
非課税限度	・教育資金1,500万円まで 　ただし、教育資金の②と③の合計額は、500万円まで。
金　融　機　関	・信託会社（信託銀行含む）、銀行、証券会社
申　　　告	・受贈者は、「教育資金非課税申告書」を金融機関を経由し、納税地の所轄税務署長に提出する。
払出しの確認	・受贈者は、教育資金の支払いに充当したことを証する領収書等を金融機関に提出する。 （提出する領収書等について、書面に代えて電磁的方法によることができる。）
贈与者の死亡	(1)　教育資金管理契約（以下、「契約」という。）期間中に贈与者が死亡した場合 　・受贈者について、「管理残額」を贈与者から相続等により取得したものとみなして、相続税がかかる。 　・なお、相続税の課税は、非課税拠出額の拠出時期により、つぎのような課税関係となる。 〚○＝相続税かかる　×＝相続税かからない〛 （表）

〚○＝相続税かかる　×＝相続税かからない〛

拠出時期 課税関係	平成31年3月31日まで	平成31年4月1日から令和3年3月31日まで	令和3年4月1日から令和5年3月31日まで	令和5年4月1日から
①　「23歳未満である場合等」（注1）に該当	×	×	×	○ （注2）

②　①以外の場合に該当	×	死亡前3年以内の非課税拠出分に限り○	○	○
③　相続税額の2割加算		適用なし	適用あり	

（注1）「23歳未満である場合等」とは、死亡した日に、受贈者が、つぎの㋑から㋩までのいずれかに該当する場合をいいます。

　㋑　23歳未満である場合

　㋺　学校等に在学している場合

　㋩　教育訓練給付金の対象となる教育訓練を受講している場合

（注2）　贈与者にかかる相続税の課税価格の合計額が5億円以下である場合には、課税されない。

(2)　契約終了後に贈与者が死亡した場合

・契約終了の日から3年以内に贈与者が死亡し、かつ、契約終了日に贈与税の課税価格に算入すべき金額があるときは、その金額について、相続開始前3年以内贈与として、相続税がかかる。

終了時

(1)　終了の日

・契約は、つぎの①から⑤までの事由に応じ、そのいずれか早い日に終了する。

終　了　の　事　由	終了の日
①　受贈者が30歳に達したこと（受贈者が30歳に達した日に学校等に在学している場合等で一定の届出をした場合を除く。）	30歳に達した日
②　30歳以上の受贈者が、その年中のいずれかの日に学校等に在学した日等があることを取扱金融機関に届け出なかったこと	その年の12月31日
③　30歳以上の受贈者が40歳に達したこと	40歳に達した日

④　つぎに掲げる場合に、受贈者と取扱金融機関との間で契約を終了させる合意があったことで契約終了したこと ・契約にかかる信託財産の価額、預貯金の額、有価証券の価額が、それぞれゼロとなった場合	合意にもとづき終了する日
⑤　受贈者が死亡したこと	死亡した日

(2)　終了時の課税

・契約が終了した場合、つぎの算式による「管理残額」について、上記(1)の①から④までの終了の日の属する年分の贈与税がかかる。

〈算式〉

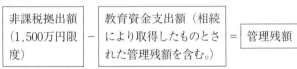

| 非課税拠出額
(1,500万円限度) | － | 教育資金支出額（相続により取得したものとされた管理残額を含む。) | ＝ | 管理残額 |

（注）　暦年課税で申告する場合、令和5年4月1日以後に取得した信託受益権等に対応する部分は、一般税率が適用される。

(9)　結婚・子育て資金の一括贈与にかかる贈与税非課税の特例とはどん
　　なものか

　結婚や子育てのための資金をもらったときは、「結婚・子育て資金の一
括贈与にかかる贈与税非課税の特例」が利用できます。

項　　　目	内　　　　　容
概　　　要	・個人（18歳以上50歳未満の者に限る。前年の合計所得金額が 　1,000万円以下の者に限る。「受贈者」という。）の結婚・子 　育て資金の支払に充てるために、 ・その直系尊属（「贈与者」という。）が金銭等を拠出し、 ・金融機関「信託会社（信託銀行を含む。）、銀行等及び金融商 　品取引業者（第一種金融商品取引業を行う者に限る。）」に信 　託等した場合には、 ・信託受益権の価額または拠出された金銭等の額のうち、 ・受贈者1人につき1,000万円（結婚に際して支出する費用に 　ついては、300万円を限度とする。）までの金額に相当する部 　分の価額については、 ・平成27年4月1日から令和7年3月31日までの間に拠出され 　るものに限り、 ・贈与税がかからない。
	「結婚・子育て資金」とは、内閣総理大臣が定めるつぎに掲げ る費用に充てるための金銭をいいます。 ①　結婚に際して支出する婚礼（結婚披露を含む。）に要する 　費用、住居に要する費用および引越しに要する費用のうち、 　一定のもの ②　妊娠に要する費用、出産に要する費用、子の医療費および 　子の保育料のうち、一定のもの
申　　　告	・受贈者は、この特例の適用を受けようとする旨等を記載した 　非課税申告書を、 ・金融機関を経由し、 ・受贈者の納税地の所轄税務署長に提出しなければならない。

払出しの確認等	・受贈者は、払い出した金銭を「結婚・子育て資金」の支払いに充当したことを証する書類を金融機関に提出しなければならない。 ・金融機関は、提出された書類により払い出された金銭が、「結婚・子育て資金」の支払いに充当されたことを確認し、その確認した金額を記録するとともに、その書類および記録を「結婚・子育て資金」を管理するための契約（資金管理契約という。）の終了の日の翌年3月15日後6年を経過する日まで保存しなければならない。
贈与者の死亡	(1) 結婚・子育て資金管理契約（以下、「契約」という。）の期間中に贈与者が死亡した場合 ・受贈者について、「管理残額」を贈与者から相続等により取得したものとみなして、相続税がかかる。 ・なお、相続税額の2割加算については、非課税拠出額の拠出時期により、つぎのとおりとなる。 ① 令和3年3月31日までの拠出 ── 適用なし ② 令和3年4月1日からの拠出 ── 適用あり (2) 契約終了後に贈与者が死亡した場合 ・契約終了の日から3年以内に贈与者が死亡し、かつ、契約終了日に贈与税の課税価格に算入すべき金額があるときは、その金額について、相続開始前3年以内贈与として、相続税がかかる。
終 了 時	(1) 終了の日 ・契約は、つぎの①から③までの事由に応じ、そのいずれか早い日に終了する。 下表参照

終　了　の　事　由	終　了　の　日
① 受贈者が50歳に達したこと	50歳に達した日
② つぎに掲げる場合に、受贈者と取扱金融機関との間で契約を終了させる合意があったことで契約終了したこと ・契約にかかる信託財産の価額、預貯金の額、有価証券の価額が、それぞれゼロとなった場合	合意にもとづき終了する日

③　受贈者が死亡したこと	死亡した日

(2)　終了時の課税

　・契約が終了した場合、つぎの算式による「管理残額」について、上記(1)の①または②の終了の日の属する年分の贈与税がかかる。

〈算式〉

$$\boxed{\text{非課税拠出額}} - \boxed{\begin{array}{l}\text{結婚・子育て資金支出}\\\text{額（相続により取得し}\\\text{たものとされた管理残}\\\text{額を含む。）}\end{array}} = \boxed{\text{管理残額}}$$

(注)　暦年課税で申告する場合、令和5年4月1日以後に取得した信託受益権等に対応する部分は、一般税率が適用される。

ま　と　め

1　贈与税の課税価格は、1月1日から12月31日までの1年間に、贈与によってもらった財産を合計して計算する。

2　贈与税の課税価格の具体的な計算は、本来の贈与財産＋みなし贈与財産－非課税財産、である。

3　贈与税は、課税価格から基礎控除額（110万円）をマイナスして、一定の税率をかけて計算する。

4　婚姻期間20年以上の配偶者から居住用財産の贈与をうけた場合には、贈与税の配偶者控除として、最高2,000万円の控除ができる。

　　基礎控除を入れると、2,110万円を控除することができる。

5　居住用財産の贈与は、土地や建物そのものの贈与が有利である。

6　平成15年1月1日以降の贈与から、相続時精算課税制度が創設された。

7　令和6年1月1日以後の贈与から、相続時精算課税にかかる基礎控除額（110万円）が創設された。

　　特定贈与者が複数いる場合、110万円を特定贈与者ごとの贈与税の課税価格で按分計算する。

8　相続時精算課税における贈与税額は、

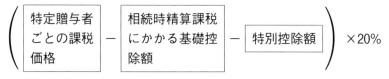

で、計算する。

　　特別控除額は、特定贈与者ごとに、2,500万円（複数年合計）

である。

9　平成15年1月1日から令和8年12月31日までの間に贈与により取得した住宅取得等資金について、相続時精算課税制度が選択できる。

10　平成27年1月1日から令和8年12月31日までの間に直系尊属からの贈与により取得した住宅取得等資金について、非課税の特例がある。

11　平成25年4月1日から令和8年3月31日までの間に直系尊属から30歳未満の子・孫（前年の合計所得金額が1,000万円以下の者に限る。）への教育資金の贈与が、1,500万円（学校等以外は、500万円）まで非課税となる。

12　平成27年4月1日から令和7年3月31日までの間に、18歳以上50歳未満の者（前年の合計所得金額が1,000万円以下の者に限る。）が、直系尊属から結婚・子育て資金の贈与を受けた場合、1,000万円（結婚資金は、300万円が限度）まで非課税となる。

5 贈与税はいつまでに申告・納付しなければならないのか

(1) 贈与税はいつまでに申告しなければならないのか

これまでお話ししたように、贈与税の計算ができましたら、贈与税申告書の提出です。

申告書を提出しなければならない人は、贈与によって財産をもらった人で、納めなければならない贈与税額がある人です。

たとえ、贈与によって財産をもらっても、贈与税額がない人は、申告する必要がありません。

納めなければならない贈与税額のある人だけが、申告する必要がある、ということです。

すなわち、課税価格が、基礎控除額以下であれば、申告する必要はありません。

これが原則です。

しかし、2,000万円の配偶者控除の特例や相続時精算課税制度の特例だけは、申告しないと認められません。

したがって、この特例をうけるためには、たとえ、納めなければならない贈与税額がゼロとなっても、申告書を提出しなければなりません。

贈与税の申告は、

贈与をうけた年の

翌年2月1日から3月15日までの間

にしなければなりません。

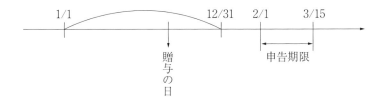

(2) 贈与税はどこに申告しなければならないのか

贈与税申告書は、贈与をうけた人の住所地を所轄する税務署へ提出しなければなりません。

贈与をした人の住所地を所轄する税務署ではありません。

(3) 贈与税はいつまでに納めなければならないのか

贈与税は、現金で、納期限までに全額納めるのが原則です。

納期限は、申告書の提出期限と同じです。

すなわち、贈与税は、

　　　贈与をうけた年の

　　　翌年2月1日から3月15日までの間

に、**現金**で納めなければなりません。

贈与税を納める場所は、金融機関や税務署です。

もし、納期限までに納めないと、延滞税がかけられます。

延滞税は、つぎの割合でかかってきます。

①　2ヶ月遅れまでの部分

　　　「延滞税特例基準割合」(注)＋1％

②　2ヶ月を超える部分

　　　「延滞税特例基準割合」(注)＋7.3％

（注）「延滞税特例基準割合」とは、つぎの割合をいいます。

・各年の前々年の９月から前年８月までの各月における銀行の新規の短期貸出約定平均金利の合計を12で除して得た割合として各年の前年の11月30日までに財務大臣が告示する割合（「平均貸付割合」といいます。）に、年１％の割合を加算した割合

ちなみに、延滞税の割合は、つぎのとおりとなります。

期　　　　間	①の部分	②の部分
令和４年１月１日から令和６年12月31日まで	年 2.4%	年 8.7%

(4)　延納をすることができるのか

　贈与税は、現金で、納期限までに全額納めるのが原則です。

　現金を贈与によってもらったのであれば、もらったなかから納めればよいわけです。

　ところが、土地や建物をもらった場合には、手許に現金がなければ、その土地や建物を売って、現金に替えないと納めることができません。

　そこで、一定の要件を満たせば、**延納**という形で、贈与税を分割して納める方法があります。

　この場合、延納申請書を提出すれば、すべて延納が認められるわけではありません。

　税務署が、要件を満たしているかどうかを調べて、**許可をした場合**だけ、

延納が認められます。

　一定の要件とは、

①　納めなければならない贈与税額が10万円を超えること

②　現金で全額納めることができない理由があること

③　担保を提供すること

④　申告期限までに延納申請書を提出すること

です。

　延納できる期限は、5年以内です。

　相続税のように、10年、15年の延納は認められません。

　延納をした場合には、年6.6%の利子税がかかります。

　なお、利子税の軽減が、相続税（98ページ参照）と同じようにあります。

まとめ

1　贈与税の申告をしなければならない人は、納めなければならない贈与税額がある人である。

2　2,000万円の配偶者控除の特例をうけるためには、たとえ、贈与税額がゼロになっても申告しなければならない。

3　贈与税の申告期限は、贈与をうけた年の翌年2月1日から3月15日までの間である。

4　贈与税の申告は、贈与をうけた人の住所地を所轄する税務署にしなければならない。

5　贈与税の納期限は、贈与をうけた年の翌年2月1日から3月15日までの間である。

6　贈与税は、現金で納めなければならない。

7　贈与税は、税務署の許可をうけて、5年以内の延納をすることができる。

8　延納した場合には、年6.6%の利子税がかかる。

6 新しい「個人事業者の事業用資産にかかる贈与税の納税猶予制度」とはどんなものか

(1) 概要

・「認定受贈者」が、

・平成31年1月1日から令和10年12月31日までの間に、

・贈与により「特定事業用資産」を取得し、事業を継続していく場合には、

・担保の提供を条件に、

・その「認定受贈者」が納付すべき贈与税額のうち、贈与により取得した「特定事業用資産」の課税価額に対応する贈与税の納税が猶予されます。

　（注1）「認定受贈者」とは、

　　　　・『中小企業における経営の承継の円滑化に関する法律』の規定による認定を受けた者で、

　　　　・18歳以上である者

　　　をいいます。

　（注2）「特定事業用資産」とは、

　　　　・相続税の納税猶予制度と同様

　　　となります。

(2) 認定受贈者が、贈与者の直系卑属である推定相続人以外の者であっても、その贈与者が、その年1月1日において60歳以上である場合には、相続時精算課税の適用を受けることができます。

(3) 猶予税額の納付、免除等については、相続税の納税猶予制度と同様となります。

(4) 贈与者の死亡時には、

・特定事業用資産（すでに納付した猶予税額に対応する部分を除き

ます。）をその贈与者から相続等により取得したものとみなし、

・贈与時の時価により他の相続財産と合算して相続税を計算する

ことになります。

　その際、都道府県の確認を受けた場合には、相続税の納税猶予の適

用を受けることができます。

(5)　適用時期は、

　　・平成31年1月1日以後に贈与により取得する財産にかかる贈与税

　　　から

となります。

Ⅲ　財産評価

1　財産の評価はどうするのか

　相続税や贈与税を計算する第1段階は、課税価格の計算をすることでした。

　課税価格を計算する場合、一番重要な問題は、財産をいくらに評価するか、すなわち、

　　　　財産にいくらのネダンをつけるか

です。

　たとえば、現金1億円を相続や贈与によってもらった場合には、なんら問題はありません。

　1億円の現金は、誰がネダンをつけても、1億円です。

　ところが、相続や贈与によってもらう財産は、現金だけではありません。

　土地もあれば、建物も、株式もあります。

　このような場合、土地のネダンをいくらにしたらよいのでしょう。

　建物のネダン、株式のネダンは、いくらにしたらよいのでしょう。

　相続や贈与によってもらう財産は、タダです。

　実際に売り買いをしたときのように、おカネのやりとりをしているわけではありません。

　したがって、財産の評価は、大変、むずかしいものとなります。

　この財産評価を、相続税や贈与税を支払う人にまかせてしまうと、課税の公平を図ることができなくなります。

　そこで、国税庁では、相続や贈与によってもらった財産を評価する場合の基準、

　　　　　「財産評価に関する基本通達」

を公表しています。

　この評価基準によって計算されたネダンを、

　　　　　相続税評価額

といいます。

　すなわち、相続税や贈与税を計算するために、その財産につけるネダンは、

　　　　　相続税評価額

による、ということです。

　相続税評価額は、当然のことですが、

　　　　　相続税の場合　　相続のとき

　　　　　贈与税の場合　　贈与のとき

の時点で、それぞれ計算します。

　それでは、相続税評価額は、どのようにして計算するのか、土地・建物・株式を中心にみていきましょう。

2　土地はどのように評価するのか

(1)　宅地はどのように評価するのか

　評価基準によって土地を評価する場合には、まず、土地の地目によって評価方式が分かれています。

　土地の地目は、

　　　　　　宅　　地
　　　　　　田・畑
　　　　　　山　　林
　　　　　　原　　野
　　　　　　牧　　場
　　　　　　池　沼
　　　　　　雑種地

とたくさんありますが、ここでは、最も中心的となる、宅地についてみていきます。

　宅地の評価方法には、

　　　　　　路線価方式
　　　　　　　　　と
　　　　　　倍率方式

の、2つがあります。

　路線価方式は、市街地にある宅地についての評価方法です。

　倍率方式は、郊外地にある宅地についての評価方法です。

　どこの宅地について、路線価方式をとるか、または、倍率方式をとるか

は、国税庁がキチンと決めています。

　1つの宅地について、両方の方式が、適用されることはありません。

　なお、宅地の評価は、

　　　　利用単位ごとに

計算します。

　1筆単位ではありません。

　たとえば、1筆の宅地について、

として利用されている場合には、

　　　　Ⓐの部分だけで評価する

　　　　Ⓑの部分だけで評価する

ことになります。

　たとえば、2筆の宅地について、

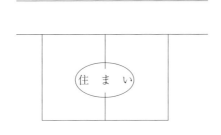

として利用されている場合には、

　　　　2筆を合計して評価する

ことになります。

(2)　路線価方式はどのように計算するのか

　路線価方式とは、宅地が面している道路につけられたネダン、すなわち、

　　　　路線価

によって評価する方法です。

　この路線価は、税務署や国税局に備えてある「**路線価図**」をみればわかります。

　路線価は、国税庁が**毎年**改訂して公表しています。

　175ページの路線価図をみて下さい。

　道路にそれぞれ、ネダンがついています。

　路線価は、すべて、

　　　　1㎡あたりの金額

　　　　千円単位

で、表しています。

　路線価図をみて、

　　　← $\left(\; 1,000 \;\right)$ →

とあれば、その道路に面している宅地は、1㎡あたり、100万円で評価する、ということです。

　そして、○は、路線価図の上欄をみると、

路　線　価　図

記号	借地権割合	記号	借地権割合
A	90%	E	50%
B	80%	F	40%
C	70%	G	30%
D	60%	H	20%

ビル街地区 ⬡⬡⬡高度商業地区 ⬭
繁華街地区 ⬡　普通商業併用住宅 地区 ◯　普通住宅地区 無印
中小工場地区 ◇　大工場地区 ▭

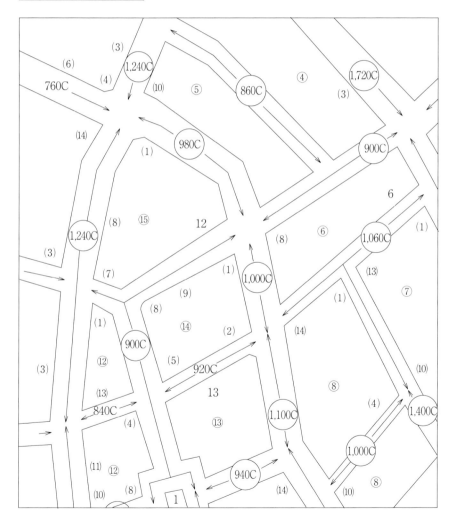

　　　　普通商業地区

　　　　併用住宅地区

となっています。

　これは、その宅地の

　　　地区区分

を表しています。

　この地区区分は、宅地を評価する場合に、

　　　その宅地の形

　　　　　　　や

　　　道路の位置

によって、評価を修正する割合が決まっています。

　たとえば、

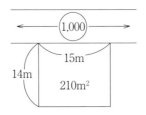

の宅地の評価は、

　　　1,000千円×210㎡＝210,000千円

となります。

　しかし、同じ210㎡の宅地であっても、

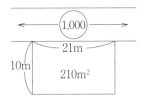

のように、奥行きの短い宅地についても、同じ評価というのは、チョット
おかしいことになります。

　そこで、奥行きが短い宅地については、路線価を修正することになって
います。

　178ページの「奥行価格補正率表」で決まっている

　　　　　率

をかけて、路線価を修正します。

　この宅地の奥行きは、10mですから、奥行価格補正率表をみると、

　　　　普通商業・併用住宅地区　　　0.99

となっています。

奥行価格補正率表

地区区分 奥行距離(メートル)	ビル街地区	高度商業地区	繁華街地区	普通商業・併用住宅地区	普通住宅地区	中小工場地区	大工場地区
4未満	0.80	0.90	0.90	0.90	0.90	0.85	0.85
4以上 6未満		0.92	0.92	0.92	0.92	0.90	0.90
6 〃 8 〃	0.84	0.94	0.95	0.95	0.95	0.93	0.93
8 〃 10 〃	0.88	0.96	0.97	0.97	0.97	0.95	0.95
10 〃 12 〃	0.90	0.98	0.99	0.99	1.00	0.96	0.96
12 〃 14 〃	0.91	0.99	1.00	1.00		0.97	0.97
14 〃 16 〃	0.92	1.00				0.98	0.98
16 〃 20 〃	0.93					0.99	0.99
20 〃 24 〃	0.94					1.00	1.00
24 〃 28 〃	0.95				0.97		
28 〃 32 〃	0.96		0.98		0.95		
32 〃 36 〃	0.97		0.96	0.97	0.93		
36 〃 40 〃	0.98		0.94	0.95	0.92		
40 〃 44 〃	0.99		0.92	0.93	0.91		
44 〃 48 〃	1.00		0.90	0.91	0.90		
48 〃 52 〃		0.99	0.88	0.89	0.89		
52 〃 56 〃		0.98	0.87	0.88	0.88		
56 〃 60 〃		0.97	0.86	0.87	0.87		
60 〃 64 〃		0.96	0.85	0.86	0.86	0.99	
64 〃 68 〃		0.95	0.84	0.85	0.85	0.98	
68 〃 72 〃		0.94	0.83	0.84	0.84	0.97	
72 〃 76 〃		0.93	0.82	0.83	0.83	0.96	
76 〃 80 〃		0.92	0.81	0.82			
80 〃 84 〃		0.90	0.80	0.81	0.82	0.93	
84 〃 88 〃		0.88		0.80			
88 〃 92 〃		0.86			0.81	0.90	
92 〃 96 〃	0.99	0.84					
96 〃 100 〃	0.97	0.82					
100 〃	0.95	0.80			0.80		

　よって、1㎡あたりの金額が、

　　　　1,000千円から

　　　　1,000千円×0.99＝990千円

に下がって、宅地の評価は、

　　　　990千円×210㎡＝207,900千円

となります。

　また、奥行きの長い宅地についても、「奥行価格補正率表」で、路線価を修正します。

　さらに、ケースとしては、稀ですが、

　　　　㋑　間口が狭すぎる宅地

　　　　㋺　奥行きが間口に対して長すぎる宅地

についても、「補正率表」で路線価を修正します。

　㋑の宅地については、つぎの「間口狭小補正率表」によって、路線価を修正します。

間口狭小補正率表

地区区分／間口距離（メートル）	ビル街地区	高度商業地区	繁華街地区	普通商業・併用住宅地区	普通住宅地区	中小工場地区	大工場地区
4 未満	—	0.85	0.90	0.90	0.90	0.80	0.80
4 以上　6 未満	—	0.94	1.00	0.97	0.94	0.85	0.85
6 〃　8 〃	—	0.97		1.00	0.97	0.90	0.90
8 〃　10 〃	0.95	1.00			1.00	0.95	0.95
10 〃　16 〃	0.97					1.00	0.97
16 〃　22 〃	0.98						0.98
22 〃　28 〃	0.99						0.99
28 〃	1.00						1.00

㋺の宅地については、つぎの「奥行長大補正率表」によって、路線価を修正します。

奥行長大補正率表

地区区分 奥行距離 間口距離	ビル街地区	高度商業地区 繁 華 街 地 区 普 通 商 業 ・ 併用住宅地区	普通住宅地区	中小工場地区	大工場地区
2以上　3未満	1.00	1.00	0.98	1.00	1.00
3 〃　4 〃		0.99	0.96	0.99	
4 〃　5 〃		0.98	0.94	0.98	
5 〃　6 〃		0.96	0.92	0.96	
6 〃　7 〃		0.94	0.90	0.94	
7 〃　8 〃		0.92		0.92	
8 〃		0.90		0.90	

宅地の形によって、**路線価が下がる**場合がある、ということです。

こんどは、**道路の位置**によって、**路線価が上がる**場合です。

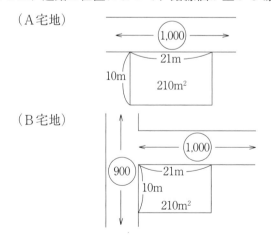

　同じ形の宅地であっても、前ページの図のように、A宅地とB宅地とでは、面している道路の数がB宅地の方が多いため、利用価値は高くなります。

　したがって、B宅地の路線価が上がります。

　この場合、B宅地の1㎡あたりの金額は、つぎのようになります。

　まず、2つの道路に面している宅地のため、**正面路線価**と**側方路線価**を決めなければなりません。

　原則として、路線価に奥行距離に応じて「奥行価格補正率表」に定める補正率をかけて計算した金額のうち、いずれか高い方の金額が正面路線価となります。

　実際に宅地を使っている状況とは、関係ありません。

　この例では、

　　　　正面路線価　　　100万円（100万円×0.99＝99万円）

　　　　側方路線価　　　 90万円（ 90万円×1.00＝90万円）

となります。

　つぎに、正面路線価をベースに、1㎡あたりの金額を計算します。

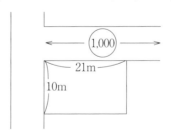

　正面路線価からみた奥行きは、10mですから、奥行価格補正率表をみると、0.99です。

　よって、1㎡あたりの金額は、

　　　　1,000千円×0.99＝990千円

となります。

　そして、こんどは、側方路線価をベースに、1㎡あたりの金額を計算します。

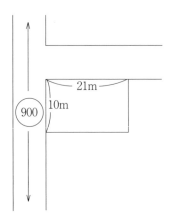

　側方路線価からみた奥行きは、21mですから、奥行価格補正率表をみると、1.00です。

　よって、1㎡あたりの金額は、

　　　　900千円×1.00＝900千円

となります。

　しかし、この側方路線価による90万円の金額を、そのまま正面路線価による99万円にプラスしません。

　あくまでも、側方路線ですから、183ページの「**側方路線影響加算率表**」で決まっている、**率**、をかけた金額を、正面路線価による金額にプラスします。

　側方路線影響加算率表をみると、

　　　　普通商業・併用住宅地区　　　角地　0.08

となっています。

側方路線影響加算率表

地　区　区　分	加　算　率	
	角地の場合	準角地の場合
ビ　ル　街　地　区	0.07	0.03
高　度　商　業　地　区 繁　華　街　地　区	0.10	0.05
普通商業・併用住宅地区	0.08	0.04
普　通　住　宅　地　区 中　小　工　場　地　区	0.03	0.02
大　工　場　地　区	0.02	0.01

（例）　角　地

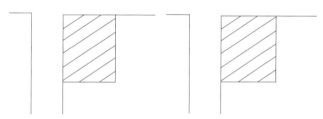

（**注**）　準角地とは下図のように一系統の路線の屈折部の内側に位置するものをいう。

準角地

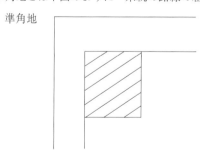

　これによって計算すると、正面路線価による金額にプラスする金額は、

　　　900千円×0.08＝72千円

となります。

したがって、Ｂ宅地の評価は、

　　　　正面路線価による金額　990,000円

　　　　側方路線価による金額　　72,000円

　　　（１㎡あたりの金額）（1,062,000円）

　　1,062,000円×210㎡＝223,020,000円

となります。

　もう１つ、路線価が上がるケースがあります。

　それは、Ｃ宅地のように、

（Ｃ宅地）

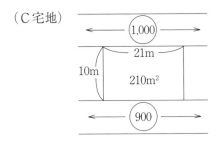

道路が表と裏の両方にある宅地も、利用価値は高くなります。

　この場合には、つぎのように１㎡あたりの金額を計算します。

　まず、**正面路線価**と**裏面路線価**を決めます。

　先ほどと同じように、２つの路線価のうち、いずれか高い方の金額の路線価が、正面路線価となります。

　この例では、

　　　　正面路線価　　100万円

　　　　裏面路線価　　　90万円

となります。

　つぎに、正面路線価をベースに、奥行価格補正率表によって、1㎡あたりの金額を計算します。

　　　　1,000千円×0.99＝990千円

　こんどは、裏面路線価をベースに、奥行価格補正率表によって、1㎡あたりの金額を計算して、

　　　　900千円×0.99＝891千円

　さらに、つぎの「二方路線影響加算率表」の、率、をかけます。

　　　　891千円×0.05＝44,550円

二方路線影響加算率表

地 区 区 分	加 算 率
ビ ル 街 地 区	0.03
高 度 商 業 地 区 繁 華 街 地 区	0.07
普通商業・併用住宅地区	0.05
普 通 住 宅 地 区 中 小 工 場 地 区 大 工 場 地 区	0.02

　この金額を、正面路線価による金額にプラスした金額が、1㎡あたりの金額となり、C宅地の評価は、

　　　　正面路線価による金額　990,000円

　　　　裏面路線価による金額　　44,550円

　　　（1㎡あたりの金額）（1,034,550円）

　　　　1,034,550円×210㎡＝217,255,500円

となります。

　以上が、宅地を評価する基本となるものです。

　ほかにも、いろいろな形をした宅地がありますが、ここではこれまでと
します。

　いままでお話しした宅地の評価は、つぎのような**利用状況**になっている
宅地についてのものです。

①　更　　地

②　被相続人や相続人が使っている宅地

③　贈与した人や贈与によってもらった人が使っている宅地

(3)　倍率方式はどのように計算するのか

　倍率方式は、路線価方式にくらべると、カンタンです。

　その宅地の

　　　　固定資産税評価額

に、

　　　　一定の倍率

をかけて計算する方法です。

　固定資産税評価額は、その宅地がある市区町村の役所・役場に行けばわ
かります。

　固定資産税通知書に書いてある、固定資産税課税標準とは違います。

　気をつけて下さい。

　また、一定の倍率は、税務署や国税局へ行けばわかります。

　なお、この倍率方式は、路線価方式のように、宅地の形や道路の位置に
よる修正はしません。

　たとえば、

　　　　固定資産税評価額　1,200万円

　　　　倍率　　　　　　　　　　3.5倍

とすれば、宅地の評価は、

　　　　1,200万円×3.5倍＝4,200万円

となります。

　この宅地の評価も、

　　　①　更　　地

　　　②　被相続人や相続人が使っている宅地

　　　③　贈与した人や贈与によってもらった人が使っている宅地

としてのものです。

(4)　貸している宅地・借りている宅地はどのように評価するのか

　宅地を他人に貸して、地代をもらっている場合、借りている人（借地人）に

　　　　借地権

があることになります。

　このような宅地については、貸している人（地主）は、自由に使えるものではありません。

　その宅地を**更地**として評価するのは、おかしいことになります。

　そこで、更地として評価した金額から、**借地権の金額をマイナス**して、貸している宅地を評価します。

　すなわち、**底地として評価した金額**となります。

　一方、借地人には、借地権という財産価値があることになります。

　そこで、借地人については、借地権の金額を評価することになります。

　すなわち、貸し借りのある1つの宅地を評価する場合には、

　　　　借地人について　　借地権の金額

　　　　地主について　　　　底地の金額

で評価することになります。

更地の評価額	借地権の金額	借地人の分
	底　地　の　金　額	地主の分

[計算式]

　（更地の評価額）－（借地権の金額）＝（底地の金額）

　更地の評価額は、

　　　　路線価方式

　　　　　　または

　　　　倍率方式

で計算した金額です。

　借地権の金額は、

　　　　　（更地の評価額）×（借地権割合）

で計算します。

　175ページの路線価図をみて下さい。

　　　← (1,000 C) →

　路線価のうしろに

　　　　　C

とあります。

　これが、その宅地の**借地権割合**を表します。

　路線価図の上欄に、AからHまでの記号で、借地権割合が決まっています。

　Cは、

　　　　　70%

です。

　借地権割合が、70%の地区ということになります。

　たとえば、この借地権割合70%の地区の宅地が、更地の評価額で1,000万円の場合には、

［計算式］

　　　①（借地権の金額）＝（更地の評価額）×（借地権割合）

　　　　　700万円　＝　　1,000万円　×　70%

　　　②　（底地の金額）＝（更地の評価額）－（借地権の金額）

　　　　　300万円　＝　　1,000万円　－　700万円

となります。

(5)　貸している建物が建っている宅地はどのように評価するのか

　宅地の上に建物を建てて、その建物を他人に貸している場合、その宅地は、どのように評価するのでしょうか。

　貸している建物が建っている宅地を、

　　　貸家建付地

といいます。

　貸家建付地は、宅地を貸していません。

　その上の建物を貸しています。

　したがって、借地権の金額をマイナスすることはできません。

　しかし、建物が建っています。

　その建物には、他人が入っています。

　ということは、その宅地の利用が制限されることになります。

　そこで、借家人の立退料分を加味して計算した金額を、更地の評価額からマイナスすることになっています。

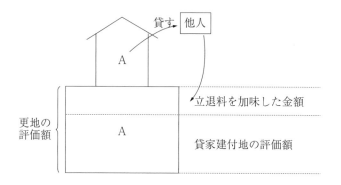

［計算式］

　（更地の評価額）－（立退料を加味した金額）＝（貸家建付地の評価額）

　立退料を加味した金額は、

　　　（更地の評価額）×（借地権割合）×（借家権割合）×（賃貸割合）

で計算します。

　なお、賃貸割合は、

$$\frac{（相続等の日に賃貸されている床面積の合計）}{（家屋の床面積の合計）}$$

で計算します。

　借家権割合は、

　　　30％

です。

　たとえば、

　　　更地の評価額　　1,000万円

　　　借地権割合　　　　70％

　　　借家権割合　　　　30％

　　　賃貸割合　　　　100％

の場合、貸家建付地としての評価は、

　　　更地の評価額　　　　立退料を加味した金額

　　1,000万円－（1,000万円×70％×30％×100％）＝790万円

となります。

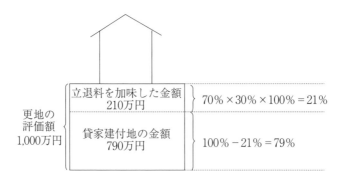

(6)　事業用や住まいとして使っている宅地は評価が安くなるのか

　相続や遺贈によってもらった財産のなかに、

　　　　　被相続人や被相続人の親族が、

　　　　　事業用に使っていた、または住まいに使っていた

宅地がある場合には、その宅地のうち、

　　　　　200㎡までの部分、330㎡までの部分、または

　　　　　400㎡までの部分

については、評価が安くなります。

　これは、

　○　事業用として使っていた宅地を、そのままの評価で相続税を計算す

　　　ると、事業の承継がむずかしくなる

　○　住まいとして使っていた宅地を、そのままの評価で相続税を計算す

　　　ると、その宅地を売らなければ、相続税を払えなくなる

ということで、評価を安くすることにしたわけです。

　この特例は、200㎡まで、330㎡まで、または、400㎡までの

　　　　被相続人の宅地で、

　　　　相続や遺贈によってもらった場合だけ、

に適用されます。

　したがって、贈与の場合には、適用されません。

　どれくらい安くなるかは、

　①　事業用宅地

　②　居住用宅地

によって、違ってきます。

　一般的な宅地の内容については、つぎのとおりです。

　①　事業用宅地

　　㋑　特定事業用宅地（㋩の貸付事業用宅地は除く。）

　　　　つぎのA、Bに該当する特定事業用宅地は、

　　　　　　80％マイナスの20％評価

　　　となります。

　　A．被相続人の事業用宅地で、

　　　　相続税の申告期限までに、

　　　　　　被相続人の事業を引き継いだ親族が、その宅地を相続し、

　　　　　　その事業を営んでいるとき

　　B．被相続人と同一生計の親族の事業用宅地で、

　　　　相続開始前から相続税の申告期限までに、

　　　　　　同一生計の親族が、その宅地を相続し、引き続き、

　　　　　　自分の事業に使っているとき

　　（注）　平成31年4月1日以後に事業の用に供された宅地等で、つ

　　　　　ぎに掲げる宅地等については、特定事業用宅地の特例の適用

ができません。

　　・相続開始前３年以内に事業の用に供された宅地等

　　　（その宅地等の上で事業の用に供されている減価償却資
　　　産の価額が、その宅地等の相続時の価額の15％以上であ
　　　る場合を除きます。）

　㋺　**特定同族会社事業用宅地**

　　つぎの特定同族会社事業用宅地は、

　　　80％マイナスの**20％評価**

となります。

　　被相続人が経営していた同族会社（被相続人等が発行済株式数の
50％超を所有）の事業用宅地で、

　　　相続税の申告期限までに、

　　　　会社の経営を引き継いだ親族が、その宅地を相続し、

　　　　引き続き、その会社の事業に使われているとき

　㈜　**貸付事業用宅地**

　　貸ビル用地、賃貸マンション用地、アパート用地、駐車場用地、
駐輪場用地など、貸付事業用宅地は、

　　　50％マイナスの**50％評価**

となります。

　　（注）　平成30年４月１日以後に貸し付けるものから、つぎに掲げ
　　　　る宅地について、貸付事業用宅地の特例の適用がありません。

　　　　・相続開始前３年以内に貸し付けられた宅地

　　　　ただし、相続開始前３年を超えて事業的規模で貸付事業を
　　　　行っている場合には、特例の適用があります。

② 居住用宅地

　㋑ 特定居住用宅地

　　つぎのＡ、Ｂに該当する特定居住用宅地は、

　　　80％マイナスの20％評価

　となります。

　Ａ．被相続人の居住用宅地で、

　　　　配偶者や同居の親族がいる場合、

　　　　　　配偶者が、その宅地を相続したとき、または、

　　　　　　同居の親族が、その宅地を相続し、居住を続けているとき

　　　　配偶者も同居の親族もいない場合、

　　　　　　相続開始前３年間、自分または自分の配偶者がもっていた

　　　　　　家屋に住んだことのない親族が、その宅地を相続したとき

　　（注）　平成30年４月１日以後の相続等からは、つぎの@ⓑに該

　　　　　当することが要件となります。

　　　　　配偶者も同居の親族もいない場合、

　　　　　　　@　相続開始前３年間、自分または自分の配偶者・３

　　　　　　　　親等内の親族・特別の関係のある法人がもっていた

　　　　　　　　家屋に住んだことのない親族が、その宅地を相続し

　　　　　　　　たとき

　　　　　　　ⓑ　相続開始時に住んでいた家屋を過去にもっていた

　　　　　　　　ことがないとき

　Ｂ．被相続人と同一生計の親族の居住用宅地で、

　　　　　　配偶者が、その宅地を相続したとき、または、その同一生

　　　　　　計の親族が、その宅地を相続し、居住を続けているとき

評価減の対象となる宅地の面積は、納税者の選択によって、

　　　　200㎡まで、330㎡まで、または、400㎡まで

となっています。

　選択した宅地の種類によって、それぞれ評価減の対象となる上限面積が違ってきます。

　その内容は、つぎのとおりです。

　小規模宅地等に該当する宅地は、

①　Aグループ（上限面積は、400㎡、です。）

　　　・特定事業用宅地

　　　・特定同族会社事業用宅地

②　Bグループ（上限面積は、330㎡、です。）

　　　・特定居住用宅地

③　Cグループ（上限面積は、200㎡、です。（注））

　　　・貸付事業用宅地

の３グループになります。

（注）　このCグループの選択できる上限面積は、200㎡ですが、このC
　　　　グループと他のグループとの重複選択をする場合の対象面積の限度
　　　　は、つぎの算式で計算することになります。

$$\boxed{①の面積} + \boxed{②の面積} + \boxed{③の面積} = \boxed{合計面積} \leqq 200㎡$$

　①の面積

$$\boxed{選択したAグループの面積の合計} \times \frac{200㎡}{400㎡}$$

　②の面積

$$\boxed{選択したBグループの面積の合計} \times \frac{200㎡}{330㎡}$$

③の面積

> 選択したＣグループの面積の合計

たとえば、選択した面積が、

　　　　Ａグループの宅地　　　100㎡

　　　　Ｂグループの宅地　　　160㎡

とすれば、選択できるＣグループの宅地の限度面積は、

$$200㎡ - \left(100㎡ \times \frac{200㎡}{400㎡}\right) - \left(160㎡ \times \frac{200㎡}{330㎡}\right) = 53.04㎡$$

53.04㎡となります。

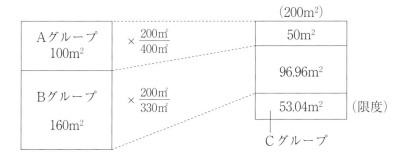

(7) 分譲マンションの土地の評価は高くなるのか

　居住用の区分所有財産、いわゆる「分譲マンション」についての敷地利用権（土地）の相続税評価額は、

　　・令和6年1月1日以後に相続等または贈与により取得したものから、

　　・「自用地としての価額」に「区分所有補正率」を乗じて補正する

ことになりました。

　その評価額補正の対象となる「1棟の区分所有建物」は、

　　・区分所有者がいる家屋（注）で、

　　・居住用の専有部分のあるもの

となります。

　　（注）　つぎの㋑または㋺の家屋を除きます。

　　　㋑　地階を除く階数が2以下のもの

　　　㋺　居住用の専有部分一室の数が3以下で、そのすべてをその区分所有者またはその親族の居住の用に供するもの

　分譲マンションの敷地利用権（土地）の評価をする場合、まず、つぎの「2つの値」を計算します。

〔2つの値〕

---

　① 評価乖離率

　　・つぎの算式により計算した値。

　　　〈算式〉

　　　　（A＋B＋C＋D＋3.220）

　　　　A：1棟の区分所有建物の築年数（注1）×△0.033

　　　　B：1棟の区分所有建物の総階数指数（注2）×0.239（小数点以下第4位を切り捨てる。）

> C：一室の区分所有権等にかかる専有部分の所在階(注3)×
> 　0.018
> D：一室の区分所有権等にかかる敷地持分狭小度(注4)×△
> 　1.195（小数点以下第4位を切り上げる。）
> （注1）　「築年数」は、その建物の建築の時から課税時期までの期間
> 　　　　　（1年未満の端数は、1年）とする。
> （注2）　「総階数指数」は、その建物の総階数（地階を含まない。）を
> 　　　　　33で除した値（小数点以下第4位を切り捨て、1を超える場合
> 　　　　　は、1とする。）とする。
> （注3）　・専有部分がその1棟の区分所有建物の複数階にまたがる場
> 　　　　　　合には、階数が低い方の階を「専有部分の所在階」とする。
> 　　　　　・専有部分が地階である場合には、「専有部分の所在階」は、
> 　　　　　　ゼロとし、Cの値はゼロとする。
> （注4）　「敷地持分狭小度」は、敷地利用権の面積を専有部分の面積で
> 　　　　　除した値（小数点以下第4位を切り上げる。）とする。
> ②　評価水準
> 　・1を評価乖離率で除した値とする。

　それから、「2つの値」にもとづいて、つぎの場合に応じて、それぞれ相続税評価額を補正することになります。

1　評価水準が1を超える場合
　　・「自用地としての価額」×「区分所有補正率」（※1）
　　　（※1）　区分所有補正率＝評価乖離率
2　評価水準が0.6未満の場合
　　・「自用地としての価額」×「区分所有補正率」（※2）
　　　（※2）　区分所有補正率＝評価乖離率×0.6
　（注）　区分所有者が、つぎの①と②のいずれも単独で所有している場合には、

「区分所有補正率」は、1を下限とします。

① 1棟の区分所有建物に存するすべての専有部分

② 1棟の区分所有建物の敷地

なお、評価水準が0.6以上1以下の場合は、補正をしないことになります。

ま と め

1 相続税や贈与税を計算するために、財産につけるネダンは、相続税評価額である。

2 宅地を評価する場合、路線価方式と倍率方式がある。

3 路線価方式とは、路線価に、奥行価格の補正率をかけて計算する。

4 ほかに、側方路線や二方路線の加算がある。

5 倍率方式とは、固定資産税評価額に、一定の倍率をかけて計算する。

6 貸している宅地は、更地の評価額から借地権の金額をマイナスして計算する。

7 借地権の金額は、更地の評価額に借地権割合をかけて計算する。

8 貸家建付地の評価は、更地の評価額から立退料を加味した金額をマイナスして計算する。

9 相続や遺贈によってもらった、事業用宅地、居住用宅地は、200㎡まで、330㎡まで、または、400㎡までの部分について、評価が安くなる。

10 一定の分譲マンションの土地の評価は、令和6年1月1日以後に相続等または贈与によってもらったものから、「自用地としての価額」に「区分所有補正率」を乗じて補正する。

3　建物はどのように評価するのか

(1)　自分が使っている建物はどのように評価するのか

建物の評価は、ズバリ、

固定資産税評価額

そのものです。

大変、カンタンな評価方法です。

固定資産税評価額は、建物のある市区町村の役所・役場に行けばわかります。

固定資産税通知書に書いてある、固定資産税課税標準とは違います。

土地や建物の固定資産税評価額というのは、**3年毎に改訂**されます。

建物の評価額、イコール固定資産税評価額は、その建物を、

自分で使っている

自分の親族が使っている

場合のものです。

⑵ 貸している建物はどのように評価するのか

他人に貸している建物、すなわち、**貸家**は、固定資産税評価額から借家権の金額をマイナスして評価します。

（固定資産税評価額）－（借家権の金額）

借家権の金額は、固定資産税評価額に借家権割合をかけて計算します。

（固定資産税評価額）×（借家権割合）×（賃貸割合）

借家権割合は、

30％

です。

たとえば、アパートの

固定資産税評価額　　100万円

借家権割合　　　　　30％

賃貸割合　　　　　　100％

とすれば、建物の評価は、

100万円－（100万円×30％×100％）＝70万円

となります。

⑶　分譲マンションの建物の評価は高くなるのか

　居住用の区分所有財産、いわゆる「分譲マンション」についての区分所有権（家屋）の相続税評価額は、

　・令和6年1月1日以後に相続等または贈与により取得したものから、

　・「自用家屋としての価額」に「区分所有補正率」を乗じて補正する

ことになりました。

　その評価額補正の対象となる「1棟の区分所有建物」は、

　・区分所有者がいる家屋（注）で、

　・居住用の専有部分のあるもの

となります。

　（注）　つぎの④または⑩の家屋を除きます。

　　④　地階を除く階数が2以下のもの

　　⑩　居住用の専有部分一室の数が3以下で、そのすべてをその区分所有者またはその親族の居住の用に供するもの

　分譲マンションの区分所有権（家屋）の評価をする場合、まず、つぎの「2つの値」を計算します。

〔2つの値〕

---

　①　評価乖離率

　　・つぎの算式により計算した値。

　　　〈算式〉

　　　（A＋B＋C＋D＋3.220）

　　　A：1棟の区分所有建物の築年数（注1）×△0.033

　　　B：1棟の区分所有建物の総階数指数（注2）×0.239（小数点以下第4位を切り捨てる。）

　　　C：一室の区分所有権等にかかる専有部分の所在階（注3）×

　　　　　0.018

　　　D：一室の区分所有権等にかかる敷地持分狭小度（注4）×△

　　　　　1.195（小数点以下第4位を切り上げる。）

　（注1）　「築年数」は、その建物の建築の時から課税期間までの期間

　　　　　　（1年未満の端数は、1年）とする。

　（注2）　「総階数指数」は、その建物の総階数（地階を含まない。）を

　　　　　　33で除した値（小数点以下第4位を切り捨て、1を超える場合

　　　　　　は、1とする。）とする。

　（注3）　・専有部分がその1棟の区分所有建物の複数階にまたがる場

　　　　　　　合には、階数が低い方の階を「専有部分の所在階」とする。

　　　　　　・専有部分が地階である場合には、「専有部分の所在階」は、

　　　　　　　ゼロとし、Cの値はゼロとする。

　（注4）　「敷地持分狭小度」は、敷地利用権の面積を専有部分の面積で

　　　　　　除した値（小数点以下第4位を切り上げる。）とする。

②　評価水準

　・1を評価乖離率で除した値とする。

　それから、「2つの値」にもとづいて、つぎの場合に応じて、それぞれ
相続税評価額を補正することになります。

　　1　評価水準が1を超える場合

　　　・「自用家屋としての価額」×「区分所有補正率」（※1）

　　　　（※1）　区分所有補正率＝評価乖離率

　　2　評価水準が0.6未満の場合

　　　・「自用家屋としての価額」×「区分所有補正率」（※2）

　　　　（※2）　区分所有補正率＝評価乖離率×0.6

なお、評価水準が0.6以上1以下の場合は、補正をしないことになります。

ま　と　め

1　自分が使っている建物の評価は、固定資産税評価額である。

2　貸家の評価は、固定資産税評価額から借家権の金額をマイナスして計算する。

3　一定の分譲マンションの建物の評価は、令和6年1月1日以降に相続等または贈与によってもらったものから、「自用家屋としての価額」に「区分所有補正率」を乗じて補正する。

4　株式はどのように評価するのか

　株式を評価する場合、あらゆる株式について、一律の評価方法をとるというわけにはいきません。

　上場されている株式と上場されていない株式とでは、おのずと評価方法が違ってくるものです。

　上場されている株式は、市場で毎日のように売買されていて、その株価も、カンタンにわかります。

　すなわち、評価するうえで、参考となる株価があります。

　しかし、上場されていない株式は、あまり売買されず、評価するうえで、参考となる株価が、ほとんどありません。

　そこで、株式を評価する場合、

　①　上場されている株式（**上場株式**）

　②　上場されていないが証券会社の店頭で売買されている株式（**気配相場のある株式**）

　③　上場されていない株式（**非上場株式**）

の、３つに分けて、それぞれ違う評価方法をとることになっています。

　⑴　**上場株式はどのように評価するのか**

　上場株式は、毎日、市場で取引されています。

　その株価も、すぐわかります。

　そこで、上場株式は、**相続や遺贈、**または、**贈与があった日**の

　　　　　終　値

で評価することになっています。

　しかし、この終値は、いろいろな経済環境によって大きく左右されます。

　したがって、その日の終値だけで評価をするのは、合理的ではありません。

　よって、

　①　その日の終値

　②　その日の属する月の終値の月平均値

　③　その日の前月の終値の月平均値

　④　その日の前々月の終値の月平均値

の、4つのうち、**いずれか少ない方の金額**をもって、上場株式の評価とすることになっています。

上場株式の評価

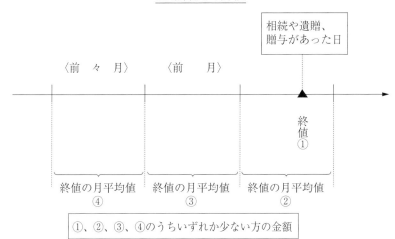

ただし、同じ上場株式であっても、

- ㋑　**負担付贈与**
- ㋺　**個人間売買**

によって取得した場合には、上記の評価方法によらないで、

　　　　贈与、売買があった日の終値

によって評価することになります。

上場株式の評価

ケース	評価
①　負担付贈与、個人間売買があった場合	贈与、売買があった日の終値
②　①以外の場合	Ⓐ　相続等があった日の終値 Ⓑ　相続等があった月の終値平均額 Ⓒ　相続等があった月の前月の終値平均額 Ⓓ　相続等があった月の前々月の終値平均額
	Ⓐ　Ⓑ　Ⓒ　Ⓓのうち、いずれか低い価額

⑵ 非上場株式はどのように評価するのか

国税庁の調べによれば、わが国にある会社の数は、約285万社といわれています。

そのうち、上場されている会社の数は、ごくわずかです。

上場されていない会社、すなわち、非上場会社の数が、ほとんどです。

したがって、株式の評価基準のなかでは、とくに、非上場株式の評価について、キメ細かい評価方法を決めています。

非上場株式の評価は、

① 類似業種比準価額

② 純資産価額

③ 配当還元価額

の、3つのデータを使って行います。

まず、この3つのデータをみてみましょう。

① 類似業種比準価額はどのように計算するのか

国税庁は、上場会社の業種別のデータを公表しています（製造業の一部。211ページ参照）。

公表している、業種別のデータは、上場会社の平均値である、1株（50円）あたりの、

株　　価　　A

配当金額　　B

利益金額　　C

純資産価額　D

の、4つです。

　株式を評価しようとする会社の業種に似た、すなわち、類似業種の上場会社の、A・B・C・Dを基に計算したものが、1株（50円）あたりの、

**　類似業種比準価額**

となります。

　計算式は、

$$A \times \left(\cfrac{\cfrac{Ⓑ}{B} + \cfrac{Ⓒ}{C} + \cfrac{Ⓓ}{D}}{3} \right) \times 0.7（中会社0.6、小会社0.5）$$

です。

　この計算式の、A、B、C、Dは、上場会社のデータ、

　　　　A　株　　　　価

　　　　B　配 当 金 額

　　　　C　利 益 金 額

　　　　D　純資産価額

です。

　Ⓑ、Ⓒ、Ⓓは、評価しようとする会社の1株（50円）あたりの

　　　　Ⓑ　配 当 金 額

　　　　Ⓒ　利 益 金 額

　　　　Ⓓ　純資産価額

です。

　1株あたりの金額は、

　　　　資本金額÷50円＝株式数

で計算したところによります。

業種目別株価等一覧表（X年7・8月分）

（単位：円）

業種目			番号	B 配当金額	C 利益金額	D 簿価純資産価額	A（株価）									
大分類	中分類	小分類					7月分					8月分				
							① 課税時期の属する月以前2年間の平均株価	② 前年平均株価	③ 課税時期の属する月の前々月	④ 課税時期の属する月の前月	⑤ 課税時期の属する月	① 課税時期の属する月以前2年間の平均株価	② 前年平均株価	③ 課税時期の属する月の前々月	④ 課税時期の属する月の前月	⑤ 課税時期の属する月
製造業			10	4.2	26	246	272	253	316	328	336	275	253	328	336	340
	食料品製造業		11	4.2	26	263	398	386	446	469	462	401	386	469	462	458
		畜産食料品製造業	12	5.2	29	237	473	449	542	577	565	476	449	577	565	560
		パン・菓子製造業	13	3.5	22	243	467	459	531	570	562	472	459	570	562	546
		その他の食料品製造業	14	4.1	27	280	359	350	395	408	403	361	350	408	403	403
	飲料・たばこ・飼料製造業		15	5.4	25	265	347	333	403	410	400	350	333	410	400	401
	繊維工業		16	3.1	14	192	153	144	170	176	182	154	144	176	182	189
	パルプ・紙・紙加工品製造業		17	2.8	18	212	147	139	167	169	170	148	139	169	170	171
	印刷・同関連業		18	2.8	14	230	145	136	164	168	173	146	136	168	173	172

　この計算式の内容は、まず、類似業種の株価「A」を基に計算しましょう。

　しかし、上場会社の株価を、そのまま非上場株式の株価にもってくるわけにはいきません。

　そこで、類似業種の株価「A」の計算の基となった、上場会社の配当金額「B」、利益金額「C」、純資産価額「D」に対して、評価しようとする会社の配当金額「Ⓑ」、利益金額「Ⓒ」、純資産価額「Ⓓ」は、それぞれ何倍になっているか、

比準割合

を計算しましょう。

　そして、その3つの比準割合を3で割って、平均した比準割合を計算して、その割合を、類似業種の株価「A」にかけて株価の修正をしましょう。

　さらに、類似業種の株価「A」は、上場株式のものですから、非上場株式ということで、流通性を加味して、0.7（0.6または0.5）をかけて、**70％**（60％、50％）で評価しましょう、というものです。

　類似業種の株価「A」は、月毎に変わります。

　そこで、評価をする場合は、相続や遺贈、または贈与のあった、

　　　その月の株価
　　　その月の前月の株価
　　　その月の前々月の株価
　　　前年の平均株価
　　　その月以前2年間の平均株価

の、5つのうち、いずれか低いものを選ぶことになっています。

　たとえば、パン・菓子製造業で8月に贈与があった場合、211ページの表をみると、

8月分	546円
7月分	562円
6月分	570円
前年平均	459円
2年間平均	472円

となっていますので、類似業種の株価「A」は、459円となります。

　上場会社の、配当金額「B」、利益金額「C」、純資産価額「D」は、1年毎に変わります。

　毎月ではありません。

　したがって、その年1年間は、どこの時点で、相続や遺贈、または贈与があったとしても、同じ数字によることになります。

　パン・菓子製造業の場合、211ページの表をみると、

B	3.5	円
C	22	円
D	243	円

となっています。

　つぎに、「Ⓑ」、「Ⓒ」、「Ⓓ」は、評価しようとする会社の数字で、相続や遺贈、または贈与があったときの、直前期および直前々期のものを使います。

　配当金額「Ⓑ」は、

　　　　直前期末以前2年間の

　　　　平均配当金額

で計算します。

利益金額「ⓒ」は、

　　　　直前期末1年間、または、

　　　　直前期末以前2年間の年平均の法人税の所得金額

で計算します。

　直前期末1年間か、直前期末以前2年間の年平均かは、いずれか低い方の金額を選びます。

　純資産価額「ⓓ」は、直前期末の

　　　　資本金額

　　　　資本積立金額

　　　　法人税の利益積立金額

の合計額で計算します。

　ところで、211ページの表の、業種目の上欄のところをみて下さい。

　そこは、

　　　　大分類

　　　　中分類

　　　　小分類

と分かれています。

　評価しようとする会社の業種は、必ず、そのなかの、中分類か、小分類にあります。

　電気設備工事業は、中分類にあります。

　パン・菓子製造業は、小分類にあります。

　そこで、類似業種比準価額は、中分類にある業種の会社の場合、

　　　　中分類の業種によって計算した金額

と、その上の分類、

　　　　大分類の業種によって計算した金額

との、いずれか低い方の金額を選んでもよいことになっています。

　また、小分類にある業種の会社の場合、

　　　　　小分類の業種によって計算した金額

と、その上の分類、

　　　　　中分類の業種によって計算した金額

との、いずれか低い方の金額を選んでもよいことになっています。

　たとえば、パン・菓子製造業の会社の類似業種比準価額は、

　㋑　パン・菓子製造業のＡＢＣＤで、

$$A \times \left(\frac{\frac{Ⓑ}{B} + \frac{Ⓒ}{C} + \frac{Ⓓ}{D}}{3} \right) \times 0.7 \,(0.6または0.5)$$

　　を計算した金額

　㋺　食料品製造業のＡＢＣＤで、

$$A \times \left(\frac{\frac{Ⓑ}{B} + \frac{Ⓒ}{C} + \frac{Ⓓ}{D}}{3} \right) \times 0.7 \,(0.6または0.5)$$

　　を計算した金額

のうち、いずれか低い方の金額となります。

　たとえば、パン・菓子製造業の会社の、Ⓑ、Ⓒ、Ⓓが、

　　　　　Ⓑ　　　7.5円

　　　　　Ⓒ　　30　円

　　　　　Ⓓ　301　円

で、８月に相続があったとした場合、類似業種比準価額（大会社）は、

つぎのようになります。

（ⅰ）　パン・菓子製造業で計算した金額

　　㋑　「Ａ」は、つぎのうち、いずれか低い方の金額

　　　　　8月分　　　　546円

　　　　　7月分　　　　562円

　　　　　6月分　　　　570円

　　　　　前年平均　　　459円

　　　　　2年間平均　　472円

　　　459円です。

　　㋺　「Ｂ」「Ｃ」「Ｄ」は、

　　　　Ｂ　　　　3.5円

　　　　Ｃ　　22　円

　　　　Ｄ　243　円

　　　です。

　　㋩　以上のデータで計算します。

（単位：円）

$$459 \times \left(\frac{\dfrac{7.5}{3.5} + \dfrac{30}{22} + \dfrac{301}{243}}{3} \right) \times 0.7 = 504$$

　　　　（注）　$\dfrac{7.5}{3.5} = 2.14$（小数点以下2位未満切捨て）

　　　　　　　　$\dfrac{30}{22} = 1.36$（小数点以下2位未満切捨て）

　　　　　　　　$\dfrac{301}{243} = 1.23$（小数点以下2位未満切捨て）

　　　　　　　　$\dfrac{2.14 + 1.36 + 1.23}{3} = 1.57$（小数点以下2位未満切捨て）

（ⅱ）　食料品製造業で計算した金額

　　㋑　「Ａ」は、つぎのうち、いずれか低い方の金額

　　　　8月分　　　　458円

　　　　7月分　　　　462円

　　　　6月分　　　　469円

　　　　前年平均　　　386円

　　　　2年間平均　　401円

　　386円です。

　㋺　「B」「C」「D」は、

　　　B　　　　4.2円

　　　C　　　26　円

　　　D　　263　円

　　です。

　㈁　以上のデータで計算します。

（単位：円）

$$386 \times \left(\frac{\dfrac{7.5}{4.2} + \dfrac{30}{26} + \dfrac{301}{263}}{3} \right) \times 0.7 = 364$$

　　　（注）　$\dfrac{7.5}{4.2} = 1.78$

　　　　　　　$\dfrac{30}{26} = 1.15$

　　　　　　　$\dfrac{301}{263} = 1.14$

　　　　　　　$\dfrac{1.78 + 1.15 + 1.14}{3} = 1.35$

(ⅲ)　(ⅰ)と(ⅱ)のうち、いずれか低い方の金額

　　(ⅰ)の金額　504円

　　(ⅱ)の金額　364円

364円が、大会社の類似業種比準価額となります。

類似業種比準価額の計算方法 （1株（50円）あたり）

〔⑦と⑪のうち、いずれか低い方の金額〕

⑦　評価しようとする会社の業種による計算
（中分類または小分類の業種による）

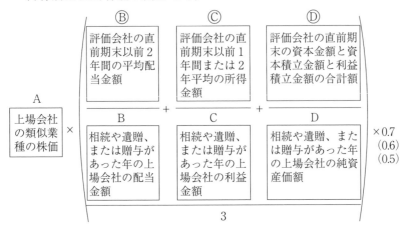

⑪　大分類または中分類の業種による計算
（⑦が中分類のとき大分類、⑦が小分類のとき中分類）

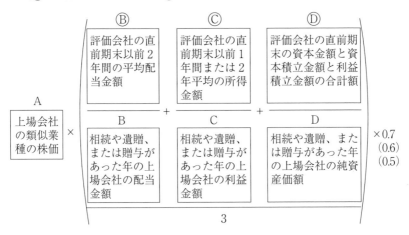

② 純資産価額はどのように計算するのか

　純資産価額は、まず、株式を評価しようとする会社が、相続や遺贈、または贈与のあったときに、もっている資産を、相続税評価額に評価替えして、

　　　　相続税評価額による純資産価額

を計算します。

　純資産価額とは、もちろん、資産の合計額から負債の合計額をマイナスした金額です。

　そして、資産を相続税評価額に評価替えしたことによって、

　　　　評価益

がでた場合には、評価益に対する税金として、

　　　　評価益×37％

を、相続税評価額による純資産価額からマイナスします。

　そのマイナスした後の金額を、その会社の発行済株式数で割ったものが、1株あたりの

　　　　純資産価額

となります。

　相続税評価額による純資産価額の計算は、原則として、

　　　　相続や遺贈

　　　　　　または

　　　　贈与のあった時点

でします。

　しかし、そのときに評価しようとする会社が、仮決算をしているとは限りません。

　むしろ、仮決算をしていないケースがほとんどです。

このような場合には、

　　　　直前期末の

資産と負債を基にして計算します。

⑦　所有する資産のなかに、

　　　　　　相続、贈与があった日前 3 年以内に取得した

　　　　　土地、借地権

　　　　　建物、付属設備、構築物

がある場合、相続税評価額ではなく、

　　　　　時価（通常の取引価額）

で評価することになります。

㋺　所有する資産のなかに、

　　　　　非上場株式

がある場合、その所有する非上場株式を**純資産価額**で評価すると

きは、

　　　　　評価益×37％

をマイナスしないで計算することになります。

㋩　前払費用や繰延資産など財産性のないものは、資産とはなりま

せん。

㊁　退職給与引当金以外の引当金、たとえば、貸倒引当金、賞与引

当金、納税引当金などは、負債とはなりません。

㋭　つぎのようなものは、会社が負債にあげていなくても、負債と

なります。

　　未納法人税・消費税・住民税・事業税

　　未納固定資産税

　　死亡退職金（相続の場合）

純資産価額の計算
（1株あたり）

相続税評価額による純資産価額		評価益に対する税金
（資産の合計額）−（負債の合計額）	−	評価益　×　37%

発 行 済 株 式 数

③　**配当還元価額はどのように計算するのか**

これが、最もカンタンな方法です。

直前期末以前2年間の年平均配当金額を10%で割ったものが、1株（50円）あたりの

　　　配当還元価額

となります。

1株（50円）あたりの年平均配当金額の計算は、

$$\left(\frac{\text{直前期の配当金額}+\text{直前々期の配当金額}}{2} \right) \div \frac{\text{資本金額}}{50円}$$

でします。

この場合、年平均配当金額が、2円50銭未満のときは、

　　　2円50銭

とすることになっています。

配当還元価額の計算
（1株（50円）あたり）

①直前期末以前2年間の年平均配当金額 ②2円50銭	①と②のうち、いずれか高い方の金額

10%

以上、非上場株式の評価に必要な、３つのデータ

類似業種比準価額

純資産価額

配当還元価額

は、おわかりいただけたと思います。

それでは、具体的に、非上場株式は、３つのデータをどのように使って、評価をしていくのでしょうか。

まず、非上場会社の株式を

相続や遺贈、または贈与

によってもらった人が、その会社の

同族株主になるか

少数株主になるか

を判定します。

同族株主になるか、少数株主になるかは、株式をもらった人の持株数と、その人の親族関係者の持株数を合計して、その持株割合によって判定します。

しかし、この判定は、複雑なものとなっていますので、ここでは、株式をもらった人が、典型的な同族会社の

社長一族であれば　　　　**同族株主**

それ以外の人であれば　　**少数株主**

としておきます。

④　同族株主の株価はどのように計算するのか

　同族株主が、その会社の株式をもらって、その株価を計算する場合、まず、その会社を

　　　　大会社
　　　　中会社 ⎰ 中会社（大）
　　　　　　　 ⎱ 中会社（中）
　　　　　　　　 中会社（小）
　　　　小会社

と、5種類の規模に分けます。

　その会社の規模によって、それぞれ違った評価方法をとろう、ということです。

　5種類の規模をみると、中会社のなかが、

　　　　　中会社（大）

　　　　　中会社（中）

　　　　　中会社（小）

と、3つに分かれています。

　これは、中会社のなかでも、大会社に近い規模の中会社を、

　　　　　中会社（大）

とし、大会社と小会社の、ちょうど真ん中に位置する規模の中会社を、

　　　　　中会社（中）

とし、小会社に近い規模の中会社を、

　　　　　中会社（小）

として、より正確な評価をするために分けられたものです。

　5種類の規模は、**従業員数**

　　　　　　　　総資産価額（帳簿価額）

　　　　　　　　取引金額

によって判定します。

　従業員数は、つぎの算式で計算した、従業員の数です。

　　　（直前期末の従業員の数）－（期中に採用した従業員の数）
　　　＋（パートなどの換算従業員の数）＝（従業員の数）

　直前期末の従業員の数には、役員のうちの、代表取締役・社長・専務取締役・常務取締役・監査役・非常勤取締役と、1週間あたりの労働時間が30時間未満の、パート・アルバイトなどの従業員は、含まれません。

　パートなどの換算従業員の数は、

$$\left.\begin{array}{l} \text{期中に採用した従業員、} \\ \text{期中に退職した従業員、} \\ \text{1週間30時間未満のパートなどの従業員、} \\ \text{の直前期末以前1年間の、合計労働時間数} \end{array}\right\} \div 1{,}800$$

で、計算した数です。

　総資産価額は、直前期末の貸借対照表の、貸倒引当金をマイナスする前の資産合計額です。

　取引金額は、直前期末以前1年間の売上高（営業収益）です。

　それでは、会社の規模の判定は、どのようにするのか、具体的に、みていきましょう。

　まず、従業員数が、

　　　70人以上

であれば、その会社は、

　　　大会社

となります。

　それから、従業員数が、70人未満の会社について、総資産価額・従業員数と取引金額によって判定することになります。

　この場合、総資産価額・従業員数によって判定した大中小の規模と、取引金額によって判定した大中小の規模が、違うことがあります。

　そんなときには、2つのうちのどちらか

　　　　上位の規模

によって判定することになります。

　たとえば、総資産価額・従業員数によると　　　　中会社（中）

　　　　　　　取引金額によると　　　　　　　　小会社

という場合には、

　　　　　　中会社（中）

の規模の判定となります。

　総資産価額・従業員数と取引金額による規模は、卸売業、小売・サービス業と卸売、小売・サービス業以外の事業の3つの業種に分けて、つぎページの表で判定します。

　会社の規模の判定が終わると、こんどは、いよいよ、評価方法です。

　評価方法は、会社の規模によって、それぞれ違います。

　評価するときに使うデータは、3つのデータのうち、

　　　　類似業種比準価額と純資産価額

の2つです。

　㋑　大会社の評価

　　　類似業種比準価額が、大会社の株式の評価となります。

会社の規模判定表

① 卸　　売　　業		② 小 売・サ ー ビ ス 業		③ ①及び②以外の業種		
取 引 金 額	総資産価額 及　　び 従 業 員 数	取 引 金 額	総資産価額 及　　び 従 業 員 数	取 引 金 額	総資産価額 及　　び 従 業 員 数	
30億円以上	20億円以上 かつ35人超	20億円以上	15億円以上 かつ35人超	15億円以上	15億円以上 かつ35人超	大会社
7 億円以上 30億円未満	4 億円以上 かつ35人超	5 億円以上 20億円未満	5 億円以上 かつ35人超	4 億円以上 15億円未満	5 億円以上 かつ35人超	中会社 （大）
3.5億円以上 7 億円未満	2 億円以上 かつ20人超	2.5億円以上 5 億円未満	2.5億円以上 かつ20人超	2 億円以上 4 億円未満	2.5億円以上 かつ20人超	中会社 （中）
2 億円以上 3.5億円未満	7,000万円以上 かつ 5 人超	6,000万円以上 2.5億円未満	4,000万円以上 かつ 5 人超	8,000万円以上 2 億円未満	5,000万円以上 かつ 5 人超	中会社 （小）
2 億円未満	7,000万円未満 または 5 人以下	6,000万円未満	4,000万円未満 または 5 人以下	8,000万円未満	5,000万円未満 または 5 人以下	小会社

　　しかし、類似業種比準価額と純資産価額を比べて、純資産価額の方が低いときは、純資産価額が、大会社の株式の評価となります。

　　すなわち、

　　　　　類似業種比準価額　と

　　　　　純資産価額　との　いずれか低い方の金額

が、大会社の株式の評価となります。

　たとえば、類似業種比準価額　200円、純資産価額　1,000円とすれば、200円が、大会社の株式の評価となります。

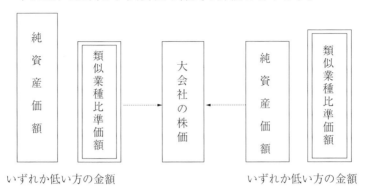

いずれか低い方の金額　　　　　　　　　　いずれか低い方の金額

㈹　中会社（大）の評価

　類似業種比準価額と純資産価額を**加重平均**して評価します。

　加重平均のウェイト（割合）は、大会社に近い規模であるため、類似業種比準価額の方が、大きくなっています。

　　　　類似業種比準価額×0.90　と　純資産価額×0.10

を合計した金額が、中会社（大）の株式の評価となります。

　前の例で、評価をすると、

　　　　（200円×0.90）＋（1,000円×0.10）＝280円

となります。

　しかし、大会社の評価のところであったように、純資産価額が、類似業種比準価額よりも低い場合には、類似業種比準価額に代えて、純資産価額をとりますので、

　　　　（純資産価額×0.90）＋（純資産価額×0.10）

となります。

　すなわち、純資産価額が、類似業種比準価額よりも低い場合に

は、

純資産価額

が、中会社（大）の株式の評価となります。

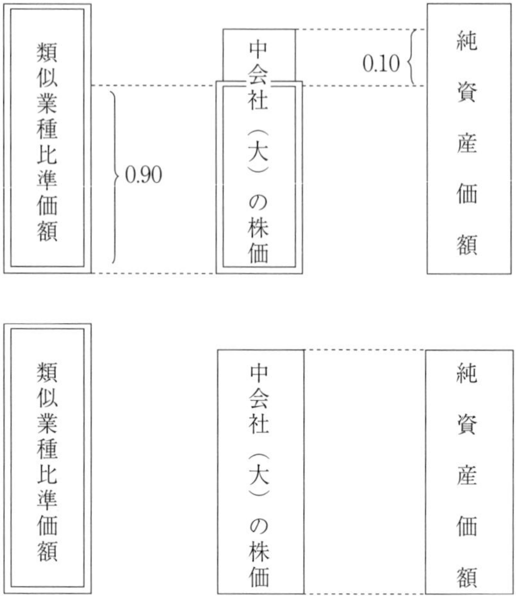

㈧　中会社（中）の評価

類似業種比準価額と純資産価額を**加重平均**して評価します。

加重平均のウェイト（割合）は、類似業種比準価額の方が大きくなっています。

類似業種比準価額×0.75　と　純資産価額×0.25

を合計した金額が、中会社（中）の株式の評価となります。

前の例で、評価をすると、

(200円×0.75)＋(1,000円×0.25)＝400円

となります。

　しかし、先ほどと同じように、純資産価額が、類似業種比準価額よりも低い場合には、

　　　　　純資産価額

が、中会社（中）の株式の評価となります。

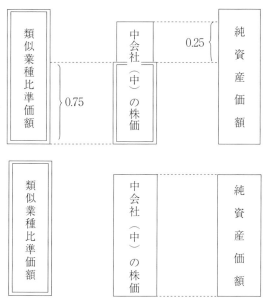

(三)　**中会社（小）の評価**

　類似業種比準価額と純資産価額を**加重平均**して評価します。

　加重平均のウェイト（割合）は、類似業種比準価額の方が、すこし、大きくなっています。

　　　　　類似業種比準価額×0.60　と　**純資産価額×0.40**

を合計した金額が、中会社（小）の株式の評価となります。

　前の例で、評価をすると、

　　　　　（200円×0.60）＋（1,000円×0.40）＝520円

となります。

　　しかし、先ほどと同じように、純資産価額が、類似業種比準価
　額よりも低い場合には、

　　　　　　純資産価額

　が、中会社（小）の株式の評価となります。

㋭　**小会社の株価**

　　純資産価額が、小会社の株式の評価となります。

　　しかし、純資産価額と、つぎの算式で加重平均した金額と比べ
　て、加重平均した金額の方が低いときは、加重平均した金額が、
　小会社の株式の評価となります。

　　　　（類似業種比準価額×0.50）＋（純資産価額×0.50）

　　前の例で、評価すると、

　　　　（200円×0.50）＋（1,000円×0.50）　＝600円

　となります。

⑤　**少数株主の株価はどのように計算するのか**

　　少数株主が、その会社の株式をもらった場合の評価は、極めてカン
　タンです。

　　　　　　配当還元価額

　が、少数株主の株式の評価となります。

　　しかし、会社の内容が悪くなっても、過去の内部留保で、高率の配
　当をするケースもあります。

　　このような場合には、配当還元価額によって評価をすると、実状に
　合わないものとなります。

　　そこで、配当還元価額が、同族株主として評価した金額よりも、高
　くなった場合には、

　　　　　　同族株主としての評価

が、少数株主の株式の評価となります。

⑥　特定会社等の株価はどのように計算するのか

評価しようとする非上場会社の**実態**が、つぎのような**特定会社等**に該当する場合には、同族株主の株式の評価は、上記のような**原則的評価方法**を採用しません。

原則として、純資産価額方式（純資産価額）で評価することになります。

特定会社等

(1)　比準要素数1の会社

(2)　株式保有特定会社

(3)　土地保有特定会社

(4)　開業後3年未満会社等

(5)　開業前、休業中会社

(6)　清算中の会社

(1)　比準要素数1の会社

比準要素数1の会社とは、類似業種比準価額を計算する場合において、評価しようとする会社の、

Ⓑ……1株あたり配当金額

Ⓒ……1株あたり利益金額

Ⓓ……1株あたり純資産価額

が、つぎのケースに該当する会社をいいます。

㋑と㋺の両方に該当するケース

㋑……直前期を基準に計算して、Ⓑ、Ⓒ、Ⓓのうち、いずれか2の要素が、ゼロとなる会社

㋺……直前々期を基準に計算して、Ⓑ、Ⓒ、Ⓓのうち、いずれか2

以上の要素が、ゼロとなる会社

なお、つぎの

 (2)　株式保有特定会社

 (3)　土地保有特定会社

 (4)　開業後3年未満会社等

 (5)　開業前、休業中会社

 (6)　清算中の会社

に該当する会社は、この比準要素数1の会社にはなりません。

比準要素数1の会社の株式の評価は、純資産価額方式で評価することになります。

なお、比準要素数1の会社であっても

 類似業種比準価額と純資産価額との併用方式

を採用することができます。

ただし、比準要素数1の会社の場合の併用割合は、会社の規模にかかわらず、25％となります。

したがって、この場合の評価は、

 （類似業種比準価額×0.25）＋（純資産価額×0.75）

となります。

(2)　株式保有特定会社

株式保有特定会社とは、評価しようとする会社の所有する資産を、相続税評価額で評価した金額によって計算した、総資産価額に占める株式等の価額の割合が、つぎの割合以上の会社をいいます。

$$\frac{株式等の価額}{総資産価額} \geq 50\%$$

株式等の価額とは、株式と出資の価額の合計額をいいます。

　なお、つぎの

　　　(3)　土地保有特定会社

　　　(4)　開業後3年未満会社等

　　　(5)　開業前、休業中会社

　　　(6)　清算中の会社

に該当する会社は、この株式保有特定会社にはなりません。

　株式保有特定会社の株式の評価は、

　　　純資産価額方式と

　　　簡　易　方　式

のいずれかを選択して評価することになります。

　簡易方式とは、

　　　　(S$_1$の金額)　＋　(S$_2$の金額)

で評価するものです。

　S$_1$の金額、S$_2$の金額の計算は、つぎのようになります。

　S$_1$の金額

　株式保有特定会社が所有している株式と、その所有株式にかかる受取配当収入をなかったものとした場合の、大中小の会社区分による原則的評価方式で計算した金額です。

　この場合において、類似業種比準価額、純資産価額は、それぞれつぎのように計算します。

類似業種比準価額

$$A \times \left[\cfrac{\cfrac{Ⓑ-ⓑ}{B} + \cfrac{Ⓒ-ⓒ}{C} + \cfrac{Ⓓ-ⓓ}{D}}{3} \right] \times 0.7 \ (0.6、0.5)$$

A　株価　　　　Ⓑ　配当金額

B　配当金額　　Ⓒ　利益金額

C　利益金額　　Ⓓ　純資産価額

D　純資産価額

ⓑ＝Ⓑ×受取配当金収受割合（1を超える場合1とする）※

※　　$\cfrac{（直前期末以前2年間の受取配当金額）}{\begin{bmatrix}直前期末以前\\2年間の受取\\配当金額\end{bmatrix} + \begin{bmatrix}直前期末以前\\2年間の営業\\利益金額\end{bmatrix}}$

ⓒ＝Ⓒ×受取配当金収受割合

ⓓ＝㋑＋㋺（Ⓓを限度とする）

㋑＝Ⓓ×$\cfrac{直前期末の株式等の価額（簿価による）}{直前期末の総資産価額　（簿価による）}$

㋺＝$\cfrac{\begin{bmatrix}直前期末の\\利益積立金額\end{bmatrix}}{\begin{bmatrix}直前期末の\\発行済株式数\end{bmatrix}}$×受取配当金収受割合

<u>純資産価額</u>

$$\frac{\boxed{\begin{array}{c}\text{相続税評価額による純資産価額}\\[4pt]\begin{bmatrix}\text{株式等を除く}\\\text{資産の合計額}\end{bmatrix}-\begin{bmatrix}\text{負債の合計額}\end{bmatrix}\end{array}}-\boxed{\begin{array}{c}\text{評価益の税金}\\[4pt]\text{評価益}\times37\%\end{array}}}{\text{発　行　済　株　式　数}}$$

$\boxed{S_2\text{の金額}}$

　株式保有特定会社が所有している株式等について、つぎのように計算した金額です。

$$\begin{bmatrix}\text{株式等の相}\\\text{続税評価額}\end{bmatrix}>\begin{bmatrix}\text{株式等の}\\\text{帳簿価額}\end{bmatrix}\quad\text{の場合}$$

$$\frac{\boxed{\begin{array}{c}\text{株式等の}\\\text{相続税評}\\\text{価額}\end{array}}-\left[\boxed{\begin{array}{c}\text{株式等の}\\\text{相続税評}\\\text{価額}\end{array}}-\boxed{\begin{array}{c}\text{株式等の}\\\text{帳簿価額}\end{array}}\right]\times37\%}{\text{発　行　済　株　式　数}}$$

$$\begin{bmatrix}\text{株式等の相}\\\text{続税評価額}\end{bmatrix}\leqq\begin{bmatrix}\text{株式等の}\\\text{帳簿価額}\end{bmatrix}\quad\text{の場合}$$

$$\frac{\boxed{\text{株　式　等　の　相　続　税　評　価　額}}}{\text{発行済株式数}}$$

(3)　**土地保有特定会社**

　　土地保有特定会社とは、評価しようとする会社の所有する資産を、相続税評価額で評価した金額によって計算した、総資産価額に占める土地等の価額の割合が、つぎの割合以上の会社をいいます。

　　・**大会社の場合**　70％以上

　　・**中会社の場合**　90％以上

　　・**小会社の場合**（総資産価額が次の基準に該当する会社）

卸売業	20億円以上	7,000万円以上20億円未満
小売・サービス業	15億円以上	4,000万円以上15億円未満
上記以外の業種	15億円以上	5,000万円以上15億円未満
割　合	70％以上	90％以上

　さらに、つぎの

　　　　(4)　開業後3年未満会社等

　　　　(5)　開業前、休業中会社

　　　　(6)　清算中の会社

に該当する会社も、土地保有特定会社にはなりません。

　　土地保有特定会社の株式の評価は、

　　　　　純資産価額方式

で評価することになります。

(4)　**開業後3年未満会社等**

　　開業後3年未満会社等とは、相続・贈与があった日において、評価しようとする会社が、

　　　　　・開業後3年未満

　　　　　・比準要素数ゼロ

である場合の会社をいいます。

　　なお、つぎの

　　　　⑸　開業前、休業中会社

　　　　⑹　清算中の会社

に該当する会社は、この開業後3年未満会社等にはなりません。

　　開業後3年未満会社等の株式の評価は、土地保有特定会社とまった

く同じです。

⑸　**開業前、休業中会社**

　　開業前または休業中である会社の株式の評価は、

　　　　純資産価額方式

によって計算します。

　　なお、つぎの

　　　　⑹　清算中の会社

に該当する会社は、この開業前、休業中会社にはなりません。

⑹　**清算中の会社**

　　清算中の会社の株式の評価は、

　　　　清算分配見込価額

によって計算します。

非上場株式の評価

原則的評価			特例評価
会社の規模＼持株割合による区分		同族株主で、特定会社等に該当しない場合(**注**)	少 数 株 主
大 会 社		類 似 業 種 比 準 方 式 （類似業種比準価額）	配当還元方式 （配当還元 価額）
中 会 社	大	併 用 方 式 （類似業種比準価額×0.90） 　　　　＋（純資産価額×0.10）	
	中	併 用 方 式 （類似業種比準価額×0.75） 　　　　＋（純資産価額×0.25）	
	小	併 用 方 式 （類似業種比準価額×0.60） 　　　　＋（純資産価額×0.40）	
小 会 社		併 用 方 式 （類似業種比準価額×0.50） 　　　　＋（純資産価額×0.50）	

純資産価額の方が低ければ、純資産価額で評価

同族株主としての評価の方が低ければ、同族株主としての評価

(**注**)　「清算中の会社」は清算分配見込価額、「開業前、休業中会社」は純資産価額、となります。

特定会社等に該当する場合

会社の実態 ＼ 持株割合による区分	同 族 株 主	少 数 株 主
比 準 要 素 数 1 の 会 社	純 資 産 価 額 方 式 （純 資 産 価 額）	配当還元方式 （配当還元価額）
株 式 保 有 特 定 会 社		
土 地 保 有 特 定 会 社		
開 業 後 3 年 未 満 会 社 等		

比準要素数1の会社については、類似業種比準価額との併用方式（割合0.25）の選択可

株式保有特定会社については、簡易方式の選択可

純資産価額の方が低ければ、純資産価額で評価

開 業 前、休 業 中 会 社	純 資 産 価 額 方 式 （純 資 産 価 額）
清 算 中 の 会 社	清 算 分 配 見 込 価 額

評価上の区分と評価方式の判定

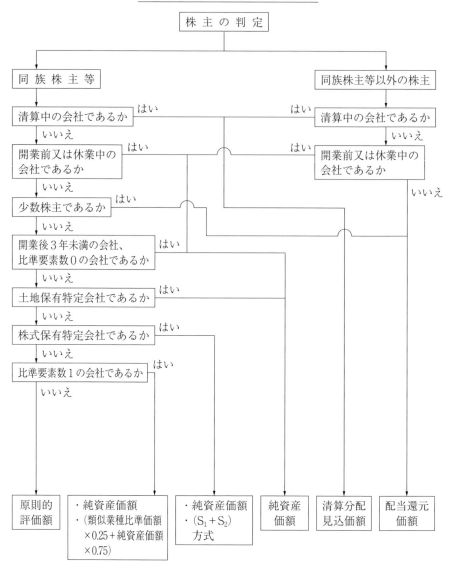

(3)　気配相場のある株式はどのように評価するのか

気配相場のある株式とは、

①　日本証券業協会において、登録銘柄または店頭管理銘柄として指定された銘柄

②　公開途上にある株式

③　国税局長が指定する銘柄

の株式です。

①の登録銘柄株式は、

Ⓐ　相続等があった日の**取引価格**

Ⓑ　相続等があった月以前3ヶ月間の、毎日の取引価格の各月ごとの平均額のうち、最も低い価額

のうち、**いずれか低い金額**が、評価となります。

(4)　その他の財産はどのように評価するのか

①　預貯金はどのように評価するのか

　預貯金は、相続や遺贈、または贈与のあった日の預入れ残高が、そのまま評価となります。

　当然のことです。

　しかし、定期預金などの固定性預金については、預入れ残高だけでなく、既経過利子をプラスして評価をします。

　既経過利子というのは、預け入れた日から相続などがあった日までの利子をいいます。

　この場合、利子の計算は、相続などがあった日で、解約したと仮定した利率ですることになります。

　さらに、計算された利子から、源泉所得税等・利子割の20.315％をマイナスします。

　固定性預金についてだけですから、普通預金などは、預入れ残高で評価することになります。

②　ゴルフ会員権はどのように評価するのか

　ゴルフ会員権は、つぎの2つに分けて評価します。

　㋑　取引相場のあるもの

　　　取引相場のある会員権は、

　　　　　通常の取引価格×70％

　　で評価します。

　　　この場合に、取引価格に含まれない預託金等があるときは、つぎの金額との合計額によることになっています。

　Ⓐ　直ちに返還をうけることができる預託金等

　　　返還をうける金額

　Ⓑ　一定期間経過後に返還をうけることができる預託金等

　　　　　　返還をうける期間に応ずる年８％による複利現価の額

　㋺　**取引相場のないもの**

　　　　取引相場のない会員権は、つぎの３つに分けて評価します。

　Ⓐ　株主でなければ会員となれないもの

　　　　株式としての評価

　Ⓑ　株主であり、かつ、預託金等を預託しなければ会員となれな
　　いもの

　　　　株式と預託金等に区分して、それぞれつぎの金額の合計額
　　によって評価します。

　　　　　・株式の価額

　　　　　　　株式としての評価

　　　　　・預託金等の価額

　　　　　　　㋑のⒶまたはⒷで計算した金額

　Ⓒ　預託金等を信託しなければ会員となれないもの

　　　　　　　㋑のⒶまたはⒷで計算した金額

　あと、家庭用財産、電話加入権、書画骨とう、など、たくさんあり
ますが、評価はここまでとします。

5 配偶者居住権はどのように評価するのか

民法改正により、令和2年4月1日から施行された「配偶者居住権等」の相続税における評価額は、つぎの算式で計算します。

① 配偶者居住権（建物）

| 建物の相続税評価額 | － | 下記② |

② 配偶者居住権が設定された建物（「居住建物」といいます。）の所有権

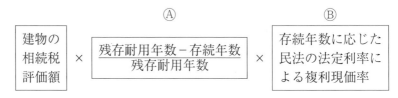

（注1）「残存耐用年数」とは、つぎの算式による年数をいいます。

（注2）「存続年数」とは、つぎに掲げる場合の区分に応じ、それぞれつぎに定める年数をいいます。

　　　イ 配偶者居住権の存続期間が配偶者の終身の間である場合――配偶者の平均余命年数

　　　ロ イ以外の場合――遺産分割協議等により定められた配偶者居住権の存続期間の年数（配偶者の平均余命年数を上限とします。）

（注3）（残存耐用年数）または（残存耐用年数－存続年数）がゼロ以下となる場合には、Ⓐは、ゼロとします。

③ 配偶者居住権（居住建物の敷地の利用に関する権利）

| 土地の相続税評価額 | － | 下記④ |

　　この敷地の利用に関する権利は、小規模宅地等の特例の対象となります。

④　居住建物の敷地の所有権

$$\boxed{\text{土地の相続税評価額}} \times \boxed{\text{上記Ⓑ}}$$

ま と め

1　株式の評価は、上場株式・気配相場のある株式・非上場株式の3つに分けて計算する。

2　上場株式の評価は、その日の終値・その日の属する月の終値の月平均値・その日の前月の終値の月平均値・その日の前々月の終値の月平均値の4つのうち、いずれか少ない方の金額である。

3　ただし、負担付贈与・個人間売買の場合には、贈与または売買があった日の終値によって評価する。

4　非上場株式の評価は、類似業種比準価額・純資産価額・配当還元価額の3つのデータを使う。

5　類似業種比準価額は、

$$A \times \left(\dfrac{\dfrac{Ⓑ}{B} + \dfrac{Ⓒ}{C} + \dfrac{Ⓓ}{D}}{3} \right) \times 0.7 \, (0.6、0.5) \quad \text{で計算する。}$$

6　純資産価額は、

$$\dfrac{\boxed{\text{相続税評価額による純資産価額}} - \boxed{\text{評価益の37\%}}}{\text{発行済株式数}} \quad \text{で計算する。}$$

7　配当還元価額は、

$$\frac{2\,\text{年間の年平均配当金額と}}{2\,\text{円}50\text{銭と、いずれか高い方の金額}}$$
$$10\%$$

で計算する。

8 同族株主の株式を評価する場合、まず、その会社を、大会社・中会社（大）・中会社（中）・中会社（小）・小会社の5つの規模に分ける。

9 この5つの規模は、従業員数・総資産価額・取引金額によって判定する。

10 従業員数が70人以上であれば、大会社となる。

11 大会社の株式の評価は、原則として、類似業種比準価額による。

12 中会社（大）の株式の評価は、原則として、（類似業種比準価額×0.90）＋（純資産価額×0.10）で計算する。

13 中会社（中）の株式の評価は、原則として、（類似業種比準価額×0.75）＋（純資産価額×0.25）で計算する。

14 中会社（小）の株式の評価は、原則として、（類似業種比準価額×0.60）＋（純資産価額×0.40）で計算する。

15 小会社の株式の評価は、原則として、純資産価額による。

16 少数株主の株式の評価は、原則として、配当還元価額による。

17 株式保有特定会社、土地保有特定会社等の株式の評価については、純資産価額による。

18 定期預金の評価は、（預入れ残高）＋（解約利率による源泉所得税等・利子割控除後の既経過利子）で計算する。

19 ゴルフ会員権の評価は、通常の取引価格の70％である。

Ⅳ　税額概算表

1 相続税はどのくらいかかるのか

　それでは、相続財産の大きさと相続人の数、内容によって、相続税の負担がどのようになるのか、みてみましょう。

　まず、250ページの**「相続税額概算表」**をご覧下さい。

　タテ軸は、「課税価格」の欄、ヨコ軸は、「相続人」の欄です。

　課税価格は、各人ごとの課税価格の合計額です。

　すなわち、基礎控除する前の金額です。

　相続人は、一般的なパターンの相続人の内容です。

　相続税額は、配偶者の税額軽減を最大限に利用したものとして計算した、相続人全員の合計税額です。

　相続税額のとなりの％は、課税価格に対する相続税額の割合です。

　たとえば、

　　　　課　税　価　格　　　５億円

　　　　相　　続　　人　　　妻、子２人

　　　　相続した割合　　　　妻50％、子25％、子25％

の場合、相続人全員の合計相続税額は、6,555万円となります。

　各人別の相続税額は、

　　　　妻　ゼロ

　　　　子　3,277．5万円

　　　　子　<u>3,277．5万円</u>

　　　　　　6,555万円

となります。

たとえば、

　　　課 税 価 格　　　5億円

　　　相　続　人　　　妻、子2人

　　　相続した割合　　　妻60％、子30％、子10％

の場合、相続人全員の合計相続税額は、前の例と同じ6,555万円となります。

　しかし、各人別の相続税額は、

　　　妻　1,311万円　（6,555万円×10÷50）

　　　子　3,933万円　（6,555万円×30÷50）

　　　子　<u>1,311万円</u>　（6,555万円×10÷50）

　　　　　6,555万円

と、それぞれ前の例と違ってきます。

　妻については、相続した財産が50％を超える部分の相続税額を負担することになります。

5	億		円
妻3億円（60％）	子1.5億円（30％）		子 5千万円 （10％）
	合 計 相 続 税 額　6,555万円		
50％	10％	30％	10％
0	1,311万円	3,933万円	1,311万円
	$\left(\dfrac{10}{50}\right)$	$\left(\dfrac{30}{50}\right)$	$\left(\dfrac{10}{50}\right)$

相続税額概算表

（単位：万円）

相続人 課税価格	子　1　人		子　2　人		配偶者と子		配偶者と子2人	
12,000	1,820	15.2%	1,160	9.7%	580	4.8%	480	4.0%
13,000	2,120	16.3	1,360	10.5	680	5.2	568	4.4
14,000	2,460	17.6	1,560	11.1	780	5.6	655	4.7
15,000	2,860	19.1	1,840	12.3	920	6.1	748	5.0
20,000	4,860	24.3	3,340	16.7	1,670	8.4	1,350	6.8
25,000	6,930	27.7	4,920	19.7	2,460	9.8	1,985	7.9
30,000	9,180	30.6	6,920	23.1	3,460	11.5	2,860	9.5
40,000	14,000	35.0	10,920	27.3	5,460	13.7	4,610	11.5
50,000	19,000	38.0	15,210	31.0	7,605	15.2	6,555	13.1
60,000	24,000	40.0	19,710	32.9	9,855	16.4	8,680	14.5
70,000	29,320	41.9	24,500	35.0	12,250	17.5	10,870	15.5
80,000	34,820	43.5	29,500	36.9	14,750	18.4	13,120	16.4
90,000	40,320	44.8	34,500	38.3	17,250	19.2	15,435	17.2
100,000	45,820	45.8	39,500	39.5	19,750	19.8	17,810	17.8
150,000	73,320	48.9	65,790	43.9	32,895	21.9	30,315	20.2
200,000	100,820	50.4	93,290	46.6	46,645	23.3	43,440	21.7

2 贈与税はどのくらいかかるのか

つぎに、贈与をうけた財産の合計額の大きさによって、贈与税の負担がどのようになるのか、みてみましょう。

次の「**贈与税額概算表**」をご参照下さい。

贈与税額概算表

(単位：万円、％)

1年間に贈与を受けた財産の合計額 (A)	直系尊属から18歳以上の者への贈与 (特例税率)		左記以外の贈与 (一般税率)	
	贈与税額 (B)	負担割合 $\frac{(B)}{(A)}$	贈与税額 (D)	負担割合 $\frac{(D)}{(A)}$
110万円	0	—	0	—
150万円	4	2.7	4	2.7
200万円	9	4.5	9	4.5
500万円	48.5	9.7	53	10.6
1,000万円	177	17.7	231	23.1
1,500万円	366	24.4	450.5	30.0
2,000万円	585.5	29.3	695	34.8
5,000万円	2,049.5	41.0	2,289.5	45.8
1 億 円	4,799.5	48.0	5,039.5	50.4

【著者略歴】

辻 　敢（つじ　かん）

昭和12年生。同38年早稲田大学政治経済学部経済学科卒業。同41年公認会計士登録。同42年税理士登録。辻・本郷税理士法人　会長、等。

著書「簿記を知らない人のための決算書入門」「簿記入門」（共著）（共に中央経済社）、「決算書を読む」（有斐閣）、「決算書入門」（共著）（日本経済新聞社）、「会社幹部のための決算書の読み方」「法人税入門の入門」「消費税入門の入門」（共に共著）（共に税務研究会）他多数。

齊藤幸司（さいとう　こうじ）

昭和22年生。同44年日本大学商学部卒業。同48年税理士登録。同44年公認会計士辻会計事務所入所、その後、辻・本郷税理士法人副理事長を経て、現在、齊藤会計事務所所長。

著書「法人税入門の入門」（共著）（税務研究会）他。

相続税・贈与税入門の入門

昭和63年2月12日　初版第1刷発行	（著者承認検印省略）
令和6年4月4日　令和6年版第1刷印刷	
令和6年4月11日　令和6年版第1刷発行	

ⓒ　著　者　辻　　　　　敢

齊　藤　幸　司

発行所　税務研究会出版局

週刊「税務通信」発行所
「経営財務」

代表者　山　根　　　毅

郵便番号100－0005
東京都千代田区丸の内1-8-2
鉄鋼ビルディング

https://www.zeiken.co.jp/

乱丁・落丁の場合は、お取替え致します。　　　印刷・製本　藤原印刷㈱

ISBN 978-4-7931-2811-0